Hans-Gert Gräbe
EAGLE-STARTHILFE
Computeralgebra im Abitur

EAGLE 104:

www.eagle-leipzig.de/104-graebe.htm

Edition am Gutenbergplatz Leipzig

Gegründet am 21. Februar 2003 in Leipzig, im Haus des Buches am Gutenbergplatz.

Im Dienste der Wissenschaft.

Hauptrichtungen dieses Verlages für Lehre, Forschung und Anwendung sind:
Mathematik, Informatik, Naturwissenschaften, Wirtschaftswissenschaften, Wissenschafts- und Kulturgeschichte.

EAGLE: www.eagle-leipzig.de

Bände der Sammlung „EAGLE-STARTHILFE" erscheinen seit 2004 im unabhängigen Wissenschaftsverlag „Edition am Gutenbergplatz Leipzig"
(Verlagsname abgekürzt: EAGLE bzw. EAG.LE).

„EAGLE-STARTHILFEN" aus Leipzig erleichtern den Start in ein Wissenschaftsgebiet. Einige der Bände wenden sich gezielt an Schüler, die ein Studium beginnen wollen, sowie an Studienanfänger. Diese Titel schlagen eine Brücke von der Schule zur Hochschule und bereiten den Leser auf seine künftige Arbeit mit umfangreichen Lehrbüchern vor. Sie eignen sich auch zum Selbststudium und als Hilfe bei der individuellen Prüfungsvorbereitung an Universitäten, Fachhochschulen und Berufsakademien.

Jeder Band ist inhaltlich in sich abgeschlossen und leicht lesbar.

www.eagle-leipzig.de/verlagsprogramm.htm
www.eagle-leipzig.de/starthilfen.htm
https://twitter.com/EagleLeipzig

Hans-Gert Gräbe

EAGLE-STARTHILFE
Computeralgebra im Abitur

EAG.LE | Edition am Gutenbergplatz
Leipzig

Bibliografische Information der Deutschen Nationalbibliothek
Die Deutsche Nationalbibliothek verzeichnet diese Publikation in der Deutschen
Nationalbibliografie; detaillierte bibliografische Daten sind im Internet über
http://dnb.d-nb.de abrufbar.

Prof. Dr. rer. nat. habil. Hans-Gert Gräbe
Geboren 1955 in Adorf/Vogtland. Schulzeit in Erfurt und Halle/S.
Mehrfach Preise bei Mathematikolympiaden, u. a. Silbermedaille IMO 1974.
Studium der Mathematik in Minsk, danach Assistent und Oberassistent in Halle/S.
und Erfurt. Seit 1990 am Institut für Informatik der Universität Leipzig,
seit 2003 apl. Professor für Informatik.
Promotion (1983) und Habilitation (1988) mit Arbeiten zu Algebra und Kombinatorik,
weitere Arbeiten im Bereich der Computeralgebra und algorithmischen Mathematik,
zum Einsatz komplexer Softwaresysteme, Software-Technik sowie Technologien
des Semantic Web.
Interessen: gesellschaftliche Konsequenzen moderner Technologien, Arbeit und Wissen in der
modernen Gesellschaft, Aufbau eines entsprechenden Interdisziplinären Lehrangebots.
Mitglied von LIFIS – dem Leibniz-Institut für Interdisziplinäre Studien.
Betreiber von leipzig-data.de (Leipzig Open Data) sowie leipzig-netz.de (Leipzig-Wiki).
Daneben engagiert in der Förderung mathematischer Nachwuchstalente, Mitarbeit im Vorstand der
Leipziger Schülergesellschaft für Mathematik, im Aufgabenausschuss der Mathematik-Olympiaden,
im MINT-Netzwerk Leipzig und als MINT-Botschafter der Initiative mintzukunftschaffen.de.

Erste Umschlagseite: Es sind die typischen Zusammenhänge zwischen einer Funktion und ihren
ersten beiden Ableitungen am Beispiel einer ganzrationalen Funktion dritten Grades dargestellt.
Aufgabe: Rekonstruieren Sie die Formel dieser ganzrationalen Funktion aus dem Bild.

Vierte Umschlagseite: Dieses Motiv zur BUGRA Leipzig 1914 (Weltausstellung für Buchgewerbe
und Graphik) zeigt neben B. Thorvaldsens Gutenbergdenkmal auch das Leipziger Neue Rathaus
sowie das Völkerschlachtdenkmal.

Für vielfältige Unterstützung sei der Teubner-Stiftung in Leipzig gedankt.

Warenbezeichnungen, Gebrauchs- und Handelsnamen usw. in diesem Buch berechtigen
auch ohne spezielle Kennzeichnung nicht zu der Annahme, dass solche Namen im Sinne
der Warenzeichen- und Markenschutz-Gesetzgebung als frei zu betrachten wären und von
jedermann benutzt werden dürften.

EAGLE 104: www.eagle-leipzig.de/104-graebe.htm

Das Werk einschließlich aller seiner Teile ist urheberrechtlich geschützt. Jede Verwertung außerhalb der
engen Grenzen des Urheberrechtsgesetzes ist ohne Zustimmung des Verlages unzulässig und strafbar.
Das gilt besonders für Vervielfältigungen, Übersetzungen, Mikroverfilmungen und die Einspeicherung und
Verarbeitung in elektronischen Systemen.

© Edition am Gutenbergplatz Leipzig 2018

Printed in Germany
Umschlaggestaltung: Sittauer Mediendesign, Leipzig
Herstellung: BoD - Books on Demand, Norderstedt

ISBN 978-3-95922-104-7

Vorwort

Im Zeitalter von Smartphone, Laptop und Tablet begegnet uns das Thema *Computeralgebra in der Schule* in einer eigenartig antiquierten Form: Wenn nicht bereits beim GTR, dem *grafikfähigen Taschenrechner*, das Ende der (technologischen) Fahnenstange erreicht ist, so beim Casio Classpad oder dem TI-Nspire, den beiden gängigen CAS-fähigen Taschenrechner-Artefakten, die heute Klassenzimmer „bevölkern". Beiden Geräten ist eigen, dass sie Computeralgebra als „Fertigprodukt" und mit angezogener Handbremse bieten, denn das wirkliche Potenzial einer angemessenen sprachlichen Durchdringung der bearbeiteten Thematiken lässt sich mit einem solchen singulären, mit anderen digitalen Artefakten kaum vernetzbaren Gerät nicht erschließen. Gute Schülerinnen[1] haben schnell *Wolfram Alpha*[2] entdeckt und vermögen mit den dort gebotenen sprachlichen Möglichkeiten der Exploration einer spannenden Welt zu spielen.

Das vorliegende Büchlein ist als Starthilfe für eine mathematik-sprachliche Eroberung der Welt mit einem Computeralgebra-System (CAS) konzipiert. Dazu benötigen Sie nur

- einen Computer (Desktop, Laptop, Tablet o.ä.) mit einem darauf installierten (programmierbaren) CAS und

- eine Umgebung zum Erfassen Ihrer Gedanken in Textform, die auch mit mathematischen Formeln umgehen kann.

In diesem Buch werden die entwickelten Konzepte mit dem Open Source System MAXIMA [14] demonstriert, das sich unter Lehrerinnen zunehmender Beliebtheit erfreut[3]. Ich orientiere darauf, dass Sie neben der Eingabe des CAS einen (weiteren) Texteditor verwenden, aus dem und in den Sie Eingaben und Ausgaben mit Copy/Paste übertragen und auf diese Weise flexibel an der Sprache feilen können, mit der Sie das CAS „füttern". Wenn inhaltlich alles

---

[1] Wir verwenden in diesem Buch, wie an der Leipziger Universität mit Senatsbeschluss befestigt, durchweg das *femininum generale lipsiensis*. Personen männlichen Geschlechts mögen sich dennoch nicht ausgeschlossen fühlen.

[2] http://www.wolframalpha.com

[3] Siehe etwa https://wiki.zum.de/wiki/Maxima im ZUM-Wiki.

zu Ihrer Zufriedenheit gelungen ist, können diese Aufzeichnungen auch noch in eine editorisch ansprechende Form gebracht werden, etwa mit LaTeX, einem weit verbreiteten Open Source Satzsystem für mathematische Texte[4]. Darauf werde ich in diesem Buch aber nicht eingehen.

Dieses Buch ist *nicht* als Nachttischlektüre konzipiert. Ich gehe davon aus, dass Sie die Beispiele selbst aktiv probieren und variieren. Oft ist deshalb auch nur die Berechnungsvorschrift angegeben, nicht aber die Ausgabe. Ich gehe weiter davon aus, dass Sie mit MAXIMA hinreichend vertraut sind bzw. es im Zuge der Arbeit mit diesem Buch werden. Dieses Buch ist keine Einführung in MAXIMA, da es zum Einsatz eines CAS gehört, sich derartige Kenntnisse über das Hilfesystem und weitere Quellen im Zuge der Arbeit anzueignen. Befehle werden sparsam erläutert und oft ohne weitere Vorbereitung einfach eingesetzt. Ich stehe damit auf einem *propädeutischen* Standpunkt: Mach's so wie vorgeführt, variiere, spiele mit dem Material und erschließe dir Bedeutungen, wie sie dir im Zuge dieser Experimente erforderlich werden. Im Anhang sind einige Hinweise zu diesem Aspekt des Selbstlernens zusammengetragen.

Dieses Buch ist auch *nicht* als eine weitere Rezeptsammlung zur Abiturvorbereitung konzipiert. Wenn Sie nur „wissen wollen, wie's geht, aber nicht warum", dann werden Sie enttäuscht, denn es geht in diesem Buch um *Einsichten* als klares Ziel jeder sprachlichen und computersprachlichen Übung. Dabei werden auch argumentative Pfade beschritten, die sich am Wegesrand andeuten, für die unmittelbare Abiturvorbereitung aber nebensächlich sind.

An einigen Stellen verweise ich auch auf das kommerzielle System MATHEMATICA [13], das unbestrittene Flagschiff der CA-Systeme, das auch Wolfram Alpha zugrunde liegt. MATHEMATICA bietet mit der eingebauten Notebook-Oberfläche eine eigene Umgebung zur Erfassung mathematischer Argumentationen, während MAXIMA deutlich spartanischer ausgestattet ist. Sie können die entsprechenden Beispiele in der *Wolfram Cloud*[5] ausprobieren.

---

[4]Für mathematische Texte gilt der übliche Ratschlag der Trennung von Inhalt und Layout nicht, da sich ein Teil der mathematischen Semantik aus dem Layout der entsprechenden Formeln ergibt. LaTeX stellt dafür eine einheitliche Sprache zur Verfügung und befindet sich damit an einer anderen Schnittstelle der Interdependenz sprachlicher und computersprachlicher Kompetenzen. Der Text dieses Buch wurde mit LaTeX gesetzt, die Abbildungen mit *tikz* erstellt.

[5]Siehe etwa https://sandbox.open.wolframcloud.com.

Vorwort

Mathematische Sprachspiele sind nicht ohne gehaltvolles mathematisches Wissen möglich. Ich orientiere mich am schulischen Abiturniveau und erläutere, nach der komprimierten Darstellung grundlegender Konzepte im Kapitel 2, mein Verständnis vom Einsatz von Computeralgebra in der Abiturstufe an einzelnen Abituraufgaben. Es sei an dieser Stelle explizit darauf hingewiesen, dass ich damit weder einen Beitrag zur leidigen Debatte leisten möchte, wie man ein CAS sinnvoll in den Kontext des schriftlichen Abiturs einbinden kann, noch zur Frage, ob die heutigen Abituraufgaben dem computeralgebraischen Potenzial – gerade auch an der Schnittstelle der Schulfächer Mathematik und Informatik – gerecht werden.

Neben sprachlichen Zugängen sind für Schülerinnen auch stärker interaktiv geprägte Zugänge sinnvoll, die sich mit dem Revival geometrischer Argumentationen im Zuge des sich verbreitenden Einsatzes von DGS wie *GeoGebra* [2] zunehmender Beliebtheit erfreuen. Die komplexen Interaktionsmöglichkeiten beider Ansätze bleiben in diesem Buch explizit ausgespart; ich konzentriere mich auf die Aspekte der Entfaltung eines sprachlichen und computersprachlichen Potenzials, die im (sinnvollen) Einsatz eines CAS im engeren Sinne stecken. MAXIMA ist auch hierbei eine gute Wahl, da bei einem solchen Zugang die (bei MAXIMA eher rudimentär ausgeprägten) Möglichkeiten einer grafischen Visualisierung nicht im Mittelpunkt stehen.

Zur Quellenlage: Leider können die Aufgaben des Mathematikabiturs nach 2011 nur unter erheblichen Lizenzkosten[6] verwendet werden. In diesem Buch wird deshalb auf die (noch) freie Version des sächsischen Abiturs aus dem Jahr 2009 zurückgegriffen. Das ist keine große Einschränkung, da sich an Zuschnitt und Niveau seither wenig geändert hat. Ich komme im Kapitel 1 auf diese Fragen detaillierter zurück.

Dieses Buch enthält einen Teil des Materials, das ich in meiner Vorlesung „Einführung in das symbolische Rechnen" [6] interessierten Hörerinnen verschiedener Studienrichtungen an der Universität Leipzig nahe bringe.

Leipzig, im September 2018   Hans-Gert Gräbe

---

[6]Details hierzu sind unter `http://leipzig-netz.de/index.php5/HGG.Abituraufgaben` zusammengetragen.

Inhaltsverzeichnis

1 Computeralgebra in der Schule   9
     1.1 Mathematik, Sprache, Computer 9
     1.2 Inhalte. Die Bildungsstandards 10
     1.3 Schule 4.0 14

2 Konzepte   17
     2.1 Symbolische Ausdrücke und mathematische Symbole 17
     2.2 Mathematische Funktionen und Operatoren 19
     2.3 Das Variablenkonzept 21
     2.4 Das Funktionskonzept 23
     2.5 Terme und Termumformungen 27
     2.6 Listen 31
     2.7 Solve und Substitutionslisten 35
     2.8 Zur internen Darstellung von Ausdrücken 37

3 Abitur, Leistungskurs Mathematik, Sachsen 2009   41
     3.1 Teil A. Analysis 43
     3.2 Teil B. Geometrie/Algebra 59
     3.3 Teil C. Stochastik 84
     3.4 Wahlteil D1. Geometrie und Analysis 93
     3.5 Wahlteil D2. Geometrie und Analysis 99

4 Anhang: MAXIMA und MATHEMATICA   109

Literatur   111

Stichwortverzeichnis   113

1 Computeralgebra in der Schule

1.1 Mathematik, Sprache, Computer

Mathematik ist die „lingua franca" der Wissenschaft, und ihre Bedeutung im Alltag wenigstens der WiMINT-Berufe[7] unbestritten. Mathematik in diesem Sinne ist vor allem *Sprache*, die Fähigkeit, sich kultiviert, logisch verständlich und mit einem angemessenen Sprachschatz ausdrücken zu können.

Auch *Informatik* – wenn man unter dem Begriff nicht allein Excel-Anfängerkurse fasst – ist vor allem *Sprache*, die Fähigkeit, sich kultiviert und für andere nachvollziehbar in einer immer stärker technisierten digitalen Welt zu bewegen. Der Gedanke, dass Bewegung in der digitalen Welt vor allem *sprachliche* Bewegung sei, mag zunächst überraschen. Aber bekanntlich „beschämt eine Biene durch den Bau ihrer Wachszellen manchen menschlichen Baumeister. Was aber von vornherein den schlechtesten Baumeister[8] vor der besten Biene auszeichnet, ist, dass er die Zelle in seinem Kopf gebaut hat, bevor er sie in Wachs baut. Am Ende des Arbeitsprozesses kommt ein Resultat heraus, das beim Beginn desselben schon in der Vorstellung des Arbeiters, also schon ideell vorhanden war." [12] Jedes technische Artefakt existiert zunächst in Sprachform, als *Plan*, seine Erschaffung setzt weiter *Sprache als Medium der Verabredung zu kooperativem Handeln* voraus, und auch die Nutzung jener Artefakte ist nicht möglich ohne ein intuitives oder explizites *Verständnis der Zwecke*, für welche das Artefakt geschaffen wurde.

Kern des digitalen Universums ist mit dem Computer eine *Universalmaschine*, der man sprachliche Anweisungen geben kann, um (fast) alles zu Wege zu bringen, was sich in algorithmische Form gießen lässt. Dabei ist der Computer längst der Generation der „number cruncher" entwachsen, falls er je nur ein solcher gewesen ist. Lange vor dem Aufkommen des Symbolischen Rechnens

---

[7]Nachdem eine Zeit lang von den MINT-Fächern geschrieben wurde, beginnt dieses neue Akronym in letzter Zeit sein Eigenleben. Google meint dazu: „*WiMINT* steht für Wirtschaft, Mathematik, Informatik, Naturwissenschaften und Technik – diese oft beschworenen Zukunftsfächer gelten gewissermaßen als heilige Kühe der Bildungspolitik." „Im Rahmen der Kompetenzorientierung ... wurde der Mathematik-Schulstoff so weit ausgedünnt, dass das mathematische Vorwissen von vielen Studienanfängern nicht mehr für ein WiMINT-Studium ausreicht."

[8]In Zitaten verwende ich das *femininum generale lipsiensis* nicht.

als Teilgebiet der Informatik, ja selbst lange vor der *praktischen* Erfindung des Computers war klar, dass er „auf andere Dinge als Zahlen angewandt werden könne, wenn man Objekte finden könne, deren Wechselwirkungen durch die abstrakte Wissenschaft der Operationen dargestellt werden können und die sich für die Bearbeitung durch die Anweisungen und Mechanismen des Gerätes eignen." [11]

In der *Computeralgebra*, einer Symbiose von Mathematik und Computer, finden beide Perspektiven zusammen und bilden den Kern aller modernen Assistenzsysteme in Wirtschaft, Wissenschaft und Technik. Es ist deshalb nur folgerichtig, auch über eine *Verankerung der Computeralgebra im Schulcurriculum* nachzudenken. Das *Potenzial* einer soliden Integration computermathematischer Zugänge in das Schulcurriculum für die Entwicklung des individuellen Sprachvermögens in einer zunehmend technisierten Gesellschaft – sowohl computersprachlicher Fertigkeiten in Richtung artefaktischer Technik als auch interpersoneller sprachlicher Fertigkeiten in Richtung kooperativer Formen von Technikentwicklung und -einsatz – kommt bisher wenig systematisch zum Einsatz. Der Computer ist unerbittlich in der Frage der Genauigkeitsanforderungen im Ausdruck und der sicheren Beherrschung begrifflicher Kontexte, aber nachsichtig und geduldig in deren Gebrauch und Entwicklung – falsche (auf syntaktischer wie semantischer Ebene) Eingaben werden stoisch mit „Hinweisen" beantwortet und „man darf gleich noch einmal".

1.2 Inhalte. Die Bildungsstandards

Eine derartige Entwicklung des Sprachvermögens besteht aus drei wesentlichen Komponenten, die bereits im hochmittelalterlichen *Trivium* für die Ausbildung handlungsleitend waren – Grammatik, Dialektik/Logik und Rhetorik. Es geht darum, eine syntaktisch-formal korrekte (Grammatik), inhaltlich stimmige und nachvollziehbare (Dialektik/Logik) sowie die angestrebten Vermittlungsziele erreichende (Rhetorik) Redeweise als Fähigkeit und Fertigkeit auszubilden. Dies gilt für die sprachlichen ebenso wie für die computersprachlichen Fertigkeiten und ist Kern dessen, was heute – offensichtlich mangels geeigneter deutscher Termini – gern als *technical literacy* bezeichnet wird.

Mit der vielfach gescholtenen Kompetenzorientierung der Bildungsstandards [10] schwenkte die KMK 2012 auf eine vergleichbare Linie ein, in welcher der Ausprägung sprachlicher Fähigkeiten und argumentativer Fertigkeiten zentrale Bedeutung zukommt und in welcher die Rolle der mittelalterlichen Rhetorik durch die *Gestaltungskompetenz* eingenommen wird. Der verbreiteten Kritik, dass hierbei die Inhalte bis zur Beliebigkeit verkämen und so auf der Strecke blieben, kann mit einem Blick auf die mittelalterlichen Praxen begegnet werden – neben den *sprachlichen* Fächern des Triviums gehörten die mathematischen Fächer des Quadriviums als *inhaltliche* Seite zum Ausbildungskanon in den *sieben freien Künsten*.

Ein solcher inhaltlicher Ansatz war bereits in den *Einheitlichen Prüfungsanforderungen* [8] untersetzt, in deren Präambel zunächst nur der „spezielle, unverzichtbare Beitrag des Mathematikunterrichts zur Allgemeinbildung und Studierfähigkeit", also zur Entwicklung sprachlicher Fertigkeiten, unterstrichen wird. Dieser Beitrag werde vor allem durch „drei *Grunderfahrungen* ermöglicht":

- Mathematik als deduktives System abstrakter Objekte,

- Mathematik als Reservoir an Modellen und

- Mathematik als ideales Übungsfeld zum Erwerb allgemeiner Problemlösefähigkeiten.

Das Trivium lässt grüßen. Weiter geht es inhaltlich mit den drei *Sachgebieten*

- *Analysis* als Grundlage fundamentaler mathematischer Begriffe und Verfahren zur Beschreibung von Abhängigkeiten und Veränderungsprozessen,

- *Lineare Algebra/Analytische Geometrie* mit ihren Methoden zur Algebraisierung von Objekten und zur analytischen Beschreibung des Raumes sowie

- *Stochastik* mit der Möglichkeit zur quantitativen Beschreibung von Vorgängen, die vom Zufall abhängen, und zur Beurteilung ihrer Ergebnisse.

In den Bildungsstandards [10] wird diese Unterteilung aufgenommen und in einer Fachpräambel betont, dass „allgemeine mathematische Kompetenzen und Inhalte untrennbar miteinander verknüpft" seien. Diese Verknüpfung wird in einem würfelartigen *Kompetenzmodell* [10, S. 11] mit drei Begriffsebenen *Anforderungsbereich* (Könnensdimension), *Leitideen* (inhaltliche Dimension) und *Allgemeine mathematische Kompetenzen* entwickelt.

Die *Leitideen* umfassen die fünf Bereiche (1) Algorithmus und Zahl, (2) Messen, (3) Raum und Form, (4) Funktionaler Zusammenhang und (5) Daten und Zufall, die in den Standards inhaltlich weiter untersetzt und den drei *Sachgebieten* zugeordnet werden.

Die inhaltlichen Anforderungen an Abiturientinnen in diesen drei Sachgebieten werden in [10, S. 25 ff.] durch folgende Beschreibungen (Auswahl) weiter untersetzt:

Analysis: Sekanten- und Tangentensteigungen bestimmen; Änderungsraten berechnen und deuten; Bestände aus Änderungsraten und Anfangsbestand berechnen; Inhalte von Flächen, die durch Funktionsgraphen begrenzt sind, bestimmen; aus der Sekundarstufe I bekannte Funktionsklassen [...] nutzen; Ableitung als lokale Änderungsrate deuten; Änderungsraten funktional beschreiben; Faktor-, Summen-, Produkt- und Kettenregel anwenden; die Ableitung zur Bestimmung von Monotonie und Extrema von Funktionen nutzen; den Ableitungsgraphen aus dem Funktionsgraphen und umgekehrt entwickeln; das bestimmte Integral deuten, insbesondere als (re-)konstruierten Bestand; Funktionen mittels Stammfunktionen integrieren; die Ableitung mithilfe der Approximation durch lineare Funktionen deuten; die ln-Funktion als Stammfunktion von $x \to \frac{1}{x}$ und als Umkehrfunktion der exp-Funktion nutzen.

Geometrie und Algebra: Algorithmisches Lösen linearer Gleichungssysteme; geometrische Sachverhalte in Ebene und Raum koordinatisieren; elementare Operationen mit geometrischen Vektoren ausführen; das Skalarprodukt geometrisch deuten; Vektoren beim Arbeiten mit geradlinig bzw. ebenflächig begrenzten geometrischen Objekten anwenden; Geraden und Ebenen analytisch beschreiben; die Lagebeziehungen von Geraden und Ebenen untersuchen; Abstände zwischen Punkten, Geraden und Ebenen bestimmen; das Volumen von Körpern bestimmen, die durch Rotation um die Abszissenachse entstehen.

Stochastik: Erwartungswert und Standardabweichung von diskreten Zufallsgrößen; Zufallsgrößen und Wahrscheinlichkeitsverteilungen zur Beschreibung stochastischer Situationen nutzen; Problemstellungen im Kontext bedingter Wahrscheinlichkeiten; stochastische Unabhängigkeit; die Binomialverteilung und ihre Kenngrößen nutzen; exemplarisch diskrete und stetige Zufallsgrößen unterscheiden und die „Glockenform" als Grundvorstellung von normalverteilten Zufallsgrößen nutzen; Simulationen zur Untersuchung stochastischer Situationen verwenden; in einfachen Fällen aufgrund von Stichproben auf die Gesamtheit schließen; Hypothesentests interpretieren und die Unsicherheit und Genauigkeit der Ergebnisse begründen; exemplarisch statistische Erhebungen planen und beurteilen; Situationen untersuchen, die zu annähernd normalverteilten Zufallsgrößen führen.

Damit ist das Anforderungsniveau des bundesdeutschen Mathematikabiturs hinreichend genau umrissen. Die Menge inhaltlicher Fehlstellen insbesondere im Geometriebereich (Vektor- und Spatprodukt, Kegelschnitte, sphärische Geometrie und Trigonometrie, fortgeschrittene Elementargeometrie, ...) mag man auf der einen Seite bedauern. Man ist auf der anderen Seite aber gut beraten, sie als Fakt für die durchschnittliche Abiturientin und damit potenzielle Studienanfängerin zur Kenntnis zu nehmen. Zum Glück hält sich hartnäckig die Tradition gymnasialer Pluskurse als schulindividueller Freiraum für die Vermittlung derartiger „zusätzlicher" Inhalte, der bisher von engagierten Lehrerinnen in allen Reformen der Abiturstufe erfolgreich verteidigt werden konnte.

In diesem Buch sind besonders bei den Geometrieaufgaben beide Perspektiven – die Standardperspektive mit „angezogener Handbremse" und die fortgeschrittene – angemessen berücksichtigt. In den Sachgebieten Analysis und Stochastik besteht dieses „Problem" weniger, da in Abituraufgaben etwa Trigonometrie schlicht nicht mehr vorkommen *kann*, wenn sie aus den Curricula gestrichen wurde[9].

---

[9]Das war 2009 noch nicht so.

1.3 Schule 4.0

Nach Visionen und Realitäten eine abschließende Zusammenschau der Argumente im Lichte der Debatten um das Konzept einer *Schule im 21. Jahrhundert* oder kurz *Schule 4.0*[10].

Ich sehe mich einig mit den *Bildungsstandards*, dass die Ausprägung sprachlicher Fähigkeiten und Fertigkeiten (die computersprachliche Dimension eingeschlossen) einen zentralen Stellenwert in der Konzeption einer „Schule der Zukunft" einnehmen sollte. Die dabei zu bewältigenden *Herausforderungen* liegen allerdings quer zu allen curricularen Traditionen und Fächerzuschnitten, in denen die *ganzheitliche* Entwicklung eines Sprachvermögens bei der Lese- und Rechenkompetenz endet, wenn man einmal den schillernden Begriff „Medienkompetenz" außer Betracht lässt. Die ganzheitliche Entwicklung eines Sprachvermögens in oben umrissener Dimension bleibt bereits in der Schule im Dickicht der Fächerkulturen stecken und hat auch mit dem aktuellen Schwenk hin zu einer Kompetenzorientierung bisher nicht die erforderliche Aufmerksamkeit erlangt.

In einem Vortrag auf dem *Casio Teach & Talk* am 13. Januar 2012 in Coswig habe ich meine Überlegungen in sechs Thesen zusammengefasst:

1. Mathematik ist die Grundlage von *Rechenkompetenz* – der Fähigkeit, die Folgen eigener Handlungsmöglichkeiten quantitativ abzuschätzen.

2. Mathematik ist die Grundlage von *Sprachkompetenz* – der Fähigkeit, über die quantitativen Folgen gemeinsamer Handlungsmöglichkeiten zu kommunizieren.

3. Mathematik ist die Grundlage von *Gestaltungskompetenz* – der Fähigkeit, Handlungsmöglichkeiten zur gemeinsamen Gestaltung der eigenen Lebensbedingungen vernünftig auszuwählen und umzusetzen.

4. Mit diesen Kompetenzen hat die mediale Mehrheit der Deutschen so wenig am Hut, dass uns mittlerweile die Fachkräfte ausgehen. *MINT – Zukunft schaffen* ruft müde die Politik.

---

[10] Google hat davon erfahren, dass „die Roland Berger Stiftung mit ihrer neuesten Studie 'Schule 4.0' ein Konzept vorgelegt habe, wie Bildungschancen gerechter verteilt werden können".

5. Mit dem Computer hält *Technik* in das dafür überhaupt nicht vorbereitete deutsche Gymnasium Einzug.

6. Computermathematik im Schulunterricht steht im Schnittpunkt all dieser ungeliebten Entwicklungslinien.

In meinem Aufsatz [4] ist dies genauer ausgeführt. Wesentliche Punkte eines solchen *kulturell-sprachlichen* Zugangs zur Computeralgebra habe ich im Folgenden noch einmal zusammengefasst:

1. Die Mathematik als *lingua franca* hat ihr Pendant in der Programmiersprache des eingesetzten CAS, mit deren Hilfe Schülerinnen in die Lage versetzt werden (können), mathematische Probleme so weit und so stringent sprachlich aufzubereiten, dass sie sogar ein „dummer" Computer versteht.

2. Die hierfür zu entwickelnde und zu erwerbende Ausdrucksfähigkeit besteht aus zwei Komponenten – der (möglichst raschen) Beherrschung eines kleinen Instrumentariums nützlicher und wiederkehrender Kontrollfluss-Strukturen und der (inkrementellen) Erschließung der mathematischen und syntaktischen Bedeutung konkreter Funktionen in der Einheit von Methoden- und Interpretationskompetenz.

3. Der Computer[11] ist ein geduldiger Partner für einen derartigen explorativen Zugang zu Mathematik als Sprache. Er vermag auf den individuellen Erkenntnisstand differenziert einzugehen, erlaubt gruppendynamische Szenarien und gibt schnelles Feedback.

4. Der Einsatz von Taschenrechnern oder CAS *ohne* derartige ausgebaute Sprach-, also ohne Programmierfähigkeit oder Abstinenz in der Nutzung derselben verstellt gründlich den Blick auf Mögliches und Wünschenswertes.

Die prinzipielle kulturelle Bedeutung des Zugangs zu diesen (programmier)-sprachlichen Mitteln bereits im Schulunterricht kann kaum überschätzt wer-

---

[11]So fetischisiert ist das hier natürlich nicht gemeint. Im Hintergrund steht immer das von konkreten Lehrerinnen pädagogisch durchdachte *Einsatzszenario* des Werkzeugs.

den. Dabei ist auch zu klären, ob Computeralgebra in der Ausbildung ausschließlich Mittel zum Erreichen bisheriger Zwecke im Spannungsfeld zwischen Mathematik- und Informatik-Ausbildung ist oder ob es – jenseits aller Begeisterung – in einer technik- und algorithmen-dominierten Welt auch eine eigenständige Bedeutung etwa für die Allgemeinbildung hat, Erfahrungen mit computeralgebraischen Werkzeugen zu sammeln und kritisch zu verarbeiten.

2 Konzepte

In diesem Kapitel werden eine Reihe von grundlegenden computeralgebraischen Konzepten entwickelt. Ich verwende dabei die Begriffe „Computeralgebra" und „symbolisches Rechnen" synonym, da der Begriff „Computeralgebra" etwas irreführend ist, was die genaue mathematische Einordnung der zu entwickelnden Begrifflichkeiten betrifft, denn sie beziehen sich ja nicht nur auf das mathematische Teilgebiet „Algebra", sondern auch auf Kalküle aus der Analysis (Differential- und Integralrechnung, trigonometrische Funktionen), der analytischen Geometrie (Koordinatenmethode, Skalar- und Vektorprodukte), der Stochastik usw. Andererseits sind all diese Kalküle natürlich in gewissem Sinne „algebraischer" Natur, denn die Ableitung einer Funktion wird ja im entsprechenden Kalkül der Analysis nicht über die Ableitungsdefinition als Grenzwertprozess berechnet, sondern unter Anwendung einer endlichen Menge von Regeln (Produktregel, Kettenregel usw.).

Auf derartige Feinheiten kann ich hier allerdings nicht eingehen. Im weiteren Text werde ich den Begriff „Computeralgebra" verwenden, wenn der Einsatz des Werkzeugs im Vordergrund steht, den Begriff „symbolisches Rechnen" reserviere ich für konzeptionelle Ausführungen. Die wichtigsten Regeln zum Einsatz eines CAS, die wir in den folgenden Kapiteln als „Regeln für guten Code" anwenden, werden genauer besprochen und in einer Reihe von *Merksätzen* fixiert.

2.1 Symbolische Ausdrücke und mathematische Symbole

Sehen wir uns zunächst an, was man mit MAXIMA so alles berechnen kann.

Man kann numerische und exakte Rechnungen ausführen, die ein klassischer Taschenrechner beherrscht. Das umfasst neben den Grundrechenarten auch eine Reihe mathematischer Funktionen wie im dritten Beispiel die Fakultätsfunktion.

```
1.23+2.25;
```
$$3.48$$

```
12+23;
```
$$35$$

```
10!;
```
$$3628800$$

An diesem Beispiel erkennen wir eine erste Besonderheit: MAXIMA rechnet im Gegensatz zu Taschenrechnern mit *voller* Genauigkeit. Die implementierte *Langzahlarithmetik* erlaubt es, die entsprechenden Umformungen *exakt* auszuführen.

```
100!;
```

93326215443944152681699238856266
70049071596826438162146859296389
52175999932299156089414639761565
18286253697920827223758251185210
91686400000000000000000000000000

> **Merksatz 1:**
>
> Die (im Kernbereich ausgeführten) Rechnungen eines CAS sind grundsätzlich exakt.

Dies wird auch bei der Behandlung rationaler Zahlen deutlich.

```
1/2+2/3;
```

$$7/6$$

Zahlen wie $\sqrt{2}$ oder π werden nicht durch numerische Näherungswerte ersetzt, sondern bleiben als *symbolische Ausdrücke* stehen. Im Gegensatz zu numerischen Approximationen etwa von π, bei denen sich die Zahl 3.1415926535 qualitativ kaum von der Zahl 3.1426968052 unterscheidet (letzteres ist $\frac{20}{9} \cdot \sqrt{2}$, auf 10 Stellen nach dem Komma genau ausgerechnet), verbirgt sich hinter einem solchen Symbol eine wohldefinierte *mathematische Semantik*. So ist etwa $\sqrt{2}$ *diejenige (eindeutig bestimmte) positive reelle Zahl, deren Quadrat gleich 2 ist.*

> **Merksatz 2:**
>
> CAS verbinden mit symbolischen Ausdrücken *Eigenschaften*, die deren mathematischen Gehalt widerspiegeln.

Ein CAS verfügt über Mittel, diese Semantik (bis zu einem gewissen Grade) darzustellen. So „weiß" MAXIMA einiges über die Zahl π, die als `%pi` anzuschreiben ist.

```
sin(%pi);
```

$$0$$

```
sin(%pi/4);
```

$$\frac{1}{\sqrt{2}}$$

Konzepte

Ein Programm, das nur einen (noch so guten) Näherungswert von π kennt, kann die Information $\sin(\pi) = 0$ *prinzipiell* nicht exakt ableiten.

Hier wird ein auf 20 Stellen genau berechneter numerischer Näherungswert der Zahl π der Variablen p zugewiesen.

```
p:ev(bfloat(%pi), fpprec=20);
sin(p);
```

$$3.1415926535897932385b0$$
$$1.144237745221966b\text{-}17$$

Dabei sind Vorkehrungen zu treffen, dass wichtige mathematische Symbole nicht (aus Unkenntnis) als Nutzerinnenvariablen verwendet werden, was zu unerwünschten Nebeneffekten führen könnte. MAXIMA markiert entsprechende interne Symbole mit % (also `%e`, `%pi`, `%i`), um eine solche Verwechslung zu vermeiden. MATHEMATICA verwendet intern eine Reihe von gängigen Symbolen[12] und markiert diese als *Protected*, so dass sie nicht überschrieben werden können.

> **Merksatz 3:**
> Entwickeln Sie eine Ihrem CAS angepasste Strategie der Benennung von Variablen, um solche Namenskonflikte zu vermeiden.

2.2 Mathematische Funktionen und Operatoren

Ähnlich wie auf dem Taschenrechner stellt auch ein CAS wichtige mathematische Funktionen und Operatoren zur Verfügung, allerdings in einem wesentlich größeren Umfang.

```
gcd(2^30-1,3^20-1);
```

$$11$$

---

[12] Insbesondere C als Parameter in Lösungsangaben, D als Differentialoperator, E als Basis des natürlichen Logarithmus und I als imaginäre Einheit – alles Großbuchstaben; Sie sind also auf der sicheren Seite, wenn Sie Kleinbuchstaben für Variablenbezeichner verwenden.

So weiß MAXIMA, wie man von ganzen Zahlen den größten gemeinsamen Teiler, die Primfaktorzerlegung oder die Teiler bestimmt, die Primzahleigenschaft testet, nächstgelegene Primzahlen ermittelt und vieles mehr.

```
factor(12!);
```

$$2^{10}\, 3^5\, 5^2\, 7\, 11$$

```
primep(12!-1);
```

true

Ein Wort zur Notation, die sich nicht wesentlich von einer klassischen Programmiersprache unterscheidet. Funktionen wie gcd, factor oder primep[13] werden üblicherweise in der *Präfixnotation* angeschrieben. Aber auch 2^30 ist ein Funktionsaufruf, genauer der Aufruf der Funktion ^ mit den beiden Argumenten (2, 30). ^ (wie auch $+, -, *$ usw.) bezeichnet man auch als *binäre Operatoren*, die Schreibweise 2^30 als *Infixnotation*. Weitere Notationen tauchen im Ausdruck 12! auf. Hier wird die Funktion !, in Langschreibweise auch factorial, auf das Argument 12 angewendet. Diese Schreibweise wird als *Postfixnotation* bezeichnet. Sie ist äquivalent zum Aufruf factorial(12), der dasselbe in Präfixnotation bedeutet. Schließlich gibt es noch die *Roundfixnotation* wie beim absoluten Betrag $|a|$ als Kurzschreibweise für abs(a).

Bei Infixoperatoren ist die Auswertungsreihenfolge zu beachten. So wird etwa $a + b \cdot c$ nicht als $(a + b) \cdot c$, sondern als $a + (b \cdot c)$ interpretiert, denn „Punktrechnung geht vor Strichrechnung". Der Parser übernimmt dabei die „richtige" Klammerung der auszuwertenden Ausdrücke, was über eingebaute *Präzendenzregeln* reguliert wird. Gelegentlich funktionieren die Regeln anders als erwartet. So gibt REDUCE etwa für 2^3^3 den Wert $512 = 2^9$ zurück, hat also (2^3)^3 statt 2^(3^3) ausgerechnet. Nach den Potenzgesetzen ist $(2^3)^3 = 2^{3 \cdot 3}$. Deshalb haben die Mathematiker vereinbart, ^ rechtsassoziativ zu parsen, also 2^{3^3} als $2^{(3^3)}$ zu verstehen, im Gegensatz zu $-$, das linksassoziativ zu parsen ist: $a - b - c = (a - b) - c$.

---

[13] „prime" wie Primzahl, das abschließende „p" wie „property" weist darauf hin, dass true oder false zurückgegeben wird.

> **Merksatz 4:**
> Infixoperatoren (dazu gehört auch der Zuweisungsoperator!) werden nach Präzendenzregeln geparst. Wenn diese Regeln nicht mit Ihren Erwartungen übereinstimmen, kann durch explizite Klammersetzung die korrekte Auswertung erzwungen werden.

2.3 Das Variablenkonzept

Ein typischer Rechenbefehl in MAXIMA hat die hier angegebene Gestalt.

```
u:expand((x+y)*(x-y));
```
$$x^2 - y^2$$

Die drei dabei angeschriebenen Variablen u, x, y unterscheiden sich in ihrer Bedeutung. Während x und y „für sich" stehen, ist u ein Wertcontainer, in welchem der Wert der rechten Seite *nach Auswertung* gespeichert ist.

Letzteres Konzept der Variablen als Wertcontainer ist aus klassischen Programmiersprachen, die nach dem Prinzip *call by value* arbeiten, gut bekannt. Oft sind solche Programmiersprachen noch *getypt*, Variablen müssen vor der Verwendung deklariert und einem Typ zugeordnet werden. Damit kann die Größe des für den Container zur Verfügung zu stellenden Speicherplatzes prognostiziert werden. Wir können uns den Wertcontainer als „Kiste" vorstellen, auf der u als Etikett aufgeklebt ist, anhand dessen wir den Wert wiederfinden, der aktuell in dieser Kiste hinterlegt ist.

Im Gegensatz dazu tauchen x und y auf der rechten Seite „einfach so" auf und stehen für mathematische Symbole, über die (noch) nichts weiter bekannt ist. Später kann auch ihnen ein Wert zugewiesen werden. Damit dies auf einheitliche Weise geschehen kann, wird jedes Symbol bei seinem ersten Auftreten in der *Symboltabelle* registriert.

> **Merksatz 5:**
> Variablen müssen in einem CAS nicht deklariert werden und tragen (im Prinzip) keine Typinformationen – jede Variable kann mit Ausdrücken jeder Art belegt werden.

Nach der Zuweisung `x:4` wird es allerdings schwierig – was ist gemeint? Ist wie bisher x, der Aufdruck auf dem Etikett, oder ist der Inhalt 4 des Wertcontainers gemeint? In einer klassischen Programmiersprache gibt es diese Kalamitäten nicht, denn dort sind Variablen *nur* Wertcontainer. Sie werden auch in einer Symboltabelle erfasst, aber nur für den Compiler, damit dieser die Ausdrücke zur Übersetzungszeit „verstehen" und daraus Maschinencode erzeugen kann. Zur Laufzeit sind aus den Bezeichnern Maschinenadressen geworden, die auf die entsprechenden Wertcontainer zeigen. Im symbolischen Rechnen ist das nicht möglich – Symbole ohne Wertcontainerfunktion können nicht auf Maschinenadressen abgebildet werden. Der „Übersetzungsprozess" muss anhalten.

> **Merksatz 6:**
> Die Prozesse, die in einem CAS zur Laufzeit ablaufen, haben große Ähnlichkeit mit den Prozessen, die in einem klassischen System zur Übersetzungszeit ablaufen.

Solche teilweise ausgewerteten *Ausdrücke* sind die zentralen Objekte des symbolischen Rechnens: „Everything is an Expression"[14].

> **Merksatz 7:**
> Der zentrale Datentyp des symbolischen Rechnens ist der *Ausdruck* (Expression).

Im symbolischen Rechnen gibt es zwei „Arten" von Variablen – Variablen als Wertcontainer und Variablen als Symbole. Genauer handelt es sich um zwei *Modi* eines Bezeichners – ein Bezeichner ist so lange im *Symbolmodus*, bis ihm ein Wert zugewiesen wird. Danach befindet sich dieser Bezeichner im *Wertmodus*. Im Wertmodus muss bei einer Referenz auf den Bezeichner

---

[14] http://reference.wolfram.com/language/tutorial/EverythingIsAnExpression.html

Konzepte   23

im Prinzip unterschieden werden, ob das Symbol (also das „Etikett auf der Kiste") oder der Wert (also der „Inhalt der Kiste") gemeint ist. Um diesen Kalamitäten zu entgehen, werden wir uns an folgende Regeln halten:

- Bezeichnern, die wir im Symbolmodus brauchen, weisen wir *niemals* global einen Wert zu.
- Bezeichner, die wir im Wertmodus verwenden, verstehen wir stets als Wertcontainer und meinen damit den dort gespeicherten Inhalt.
- Wir planen vorab genau, welche Bezeichner wir in welchen Modi verwenden.

Natürlich gibt es Situationen, wo wir einem Bezeichner im Symbolmodus einen Wert zuordnen möchten. Hier ist n ein Bezeichner im Symbolmodus. Mit dem Substitutionsoperator ev wird im nächsten Befehl n *lokal*, für die Dauer der Auswertung des Ausdrucks, der Wert 2 zugewiesen. Der *globale* Modus von n hat sich nicht geändert.

`u:(1+sqrt(2))^n;`

$$\left(1+\sqrt{2}\right)^n$$

`expand(ev(u,n=2));`

$$2^{3/2}+3$$

Merksatz 8:

Teile die in einer Rechnung verwendeten Bezeichner vorab in solche ein, die *ausschließlich* im Symbolmodus verwendet werden, und solche, die *ausschließlich* im Wertmodus verwendet werden. Bezeichnern der ersten Art wird *an keiner Stelle der Rechnung* global ein Wert zugewiesen. Wertzuweisungen an solche Bezeichner erfolgen ausschließlich lokal mit Hilfe des *Substitutionsoperators*.

2.4 Das Funktionskonzept

In einer klassischen Programmiersprache muss eine Funktion definiert sein, bevor sie das erste Mal aufgerufen werden kann. Anderenfalls bricht das Programm schlicht mit einer Fehlermeldung ab. Im symbolischen Rechnen ist das deutlich anders.

Hier wird das Funktionssymbol `sin` zur Konstruktion von Funktionsausdrücken verwendet, die für Funktionswerte stehen, welche nicht weiter ausgewertet werden können.

`[sin(x), sin(2)];`

$$[\sin(x), \sin(2)]$$

Im Gegensatz dazu ist dies ein klassischer Funktionsaufruf, der eine Funktionsdefinition zur näherungsweisen Berechnung für einen reellwertigen Parameter verwendet.

`sin(2.55);`

$$0.5576837174$$

> **Merksatz 9:**
>
> Im symbolischen Rechnen ist zu unterscheiden zwischen
>
> - einem *Funktionsaufruf* wie `sin(2.55)`,
> - einem *Funktionsbezeichner* wie `sin`
> - und einem *Funktionsausdruck* wie `sin(2)` oder `sin(x)`.
>
> Ein Funktionsaufruf kann eine CAS-interne Funktion aufrufen, aber auch eine vom Nutzer definierte Funktion. Für letztere haben wir noch zusätzlich den Begriff der *Funktionsdefinition* zu berücksichtigen. Funktionsdefinitionen verbinden Funktionsbezeichner mit einer Ausführungsvorschrift.

Solche Funktionsdefinitionen sind auch erforderlich, weil einige wichtige CAS-interne Funktionen wie `map` oder `sublist` Funktionen als Parameter erwarten. Oft wird an solchen Stellen mit *namenlosen Funktionen* (Lambda-Ausdrücken) gearbeitet, indem direkt eine Ausführungsvorschrift angegeben wird, ohne sich dafür einen Funktionsbezeichner ausdenken zu müssen. Namenlose Funktionen sind in gewisser Weise das Gegenstück zu Funktionsausdrücken – während letztere auf Funktionsbezeichner ohne Ausführungsvorschrift hinweisen, sind erstere sozusagen Ausführungsvorschriften ohne Funktionsbezeichner. Da dieses Vorgehen sehr verbreitet ist, werden wir im Weiteren hiervon ebenfalls Gebrauch machen.

Viele Fehler haben ihre Ursache in der unreflektierten Verwendung derselben Bezeichner sowohl für Funktionen als auch für Funktionsausdrücke. So ist etwa nach der Eingabe

```
f:diff(x^2,x);
```

f mitnichten die Ableitung der *Funktion* $x \to x^2$, sondern die Ableitung des *Ausdrucks* x^2 nach x. Der „Wert" von f an der Stelle 2 ergibt sich nicht durch Anschreiben von f(2), sondern als ev(f,x=2) durch die Ersetzung $x = 2$ in f. x ist hier eine globale Variable im Symbolmodus.

Eine Vereinbarung von f als Ableitung der Funktion $x \to x^2$ ist allerdings mit

```
f(x):=diff(x^2,x);
```

nicht möglich, da zwar f(y) und auch f(sin(z)) korrekt berechnet werden, aber der Aufruf f(2) mit einer Fehlermeldung abbricht. Das Problem ist, dass wir $f(x)$ ja nicht das *Ableiten* (Tätigkeit), sondern die *Ableitung* (Ergebnis) von x^2 zuweisen wollten. Dazu müsste aber die Ausführungsvorschrift bereits während der Funktions*definition* (erstmals) ausgeführt werden. Da := die rechte Seite *nicht* auswertet, wird der Funktionsaufruf f(2) stets als diff(4,2) (miss)-verstanden.

Eine Nichtauswertung der rechten Seite von Funktionsdefinitionen ist an den meisten Stellen sehr sinnvoll, denn normalerweise soll ja die zu definierende Funktion erst zum Aufruf abgearbeitet werden und nicht schon während der Definition. Allerdings nicht in diesem Beispiel, denn hier soll die Ableitung bereits zur *Definitionszeit* der Funktion berechnet und diese andere Funktionsdefinition unter dem Bezeichner f gespeichert werden. Das ist mit dem MAXIMA-Kommando define möglich:

```
define(f(x), diff(x^2,x));
```

definiert die gewünschte Funktion $f : x \to 2\,x$ korrekt, wie man am Aufruf von f(z) und f(2) leicht nachprüft.

> **Merksatz 10:**
>
> In MAXIMA sind die beiden Möglichkeiten
>
> $$\texttt{f(x):=A(x)} \text{ und } \texttt{define(f(x), A(x))}$$
>
> zur Definition von Funktionen zu unterscheiden. Bei der Definition mit `:=` wird $A(x)$ nicht ausgewertet, bei der Definition mit `define` wird $A(x)$ ausgewertet.

In MAXIMA sind wir damit am Ende der Fahnenstange angekommen, denn dieses CAS kennt das Konzept der „Funktion von Funktionen" nicht. Ein solches Konzept ist allerdings in der Mathematik weit verbreitet. Für eine (genügend glatte reelle) Funktion $f : \mathbb{R} \to \mathbb{R}$ kann zum Beispiel die erste Ableitung $f' : \mathbb{R} \to \mathbb{R}$ berechnet werden, wobei genau zwischen der Ableitung als Funktion f' und dem Wert etwa $f'(2)$ dieser Funktion an der Stelle 2 unterschieden wird. Letzteres ist zum Beispiel wichtig in der Kettenregel zu unterscheiden, denn es gilt

$$\frac{d f(g(x))}{d x} = f'(g(x)) \cdot g'(x),$$

„äußere Ableitung an der Stelle $g(x)$ mal innere Ableitung an der Stelle x".

Die Notation f' ist selbst wieder eine Funktionsnotation – der Ableitungsoperator ' wird auf f angewendet; das Ganze ist in Postfixnotation angeschrieben. Eine solche Notation wird zum Beispiel in MUPAD verwendet: `f'(x)` wird intern sofort als `D(f)(x)` dargestellt, wobei `D(f)` die Ableitung der Funktion f darstellt, die ihrerseits an der Stelle x ausgewertet wird.

$$D : (\mathbb{R} \to \mathbb{R}) \to (\mathbb{R} \to \mathbb{R})$$

ist also eine Funktion, die Funktionen in Funktionen abbildet. MATHEMATICA geht an der Stelle sogar noch weiter: `f'[x]//FullForm` zeigt, dass die Ableitung an der Stelle x intern als `Derivative[1][f][x]` dargestellt wird. Hier ist also `Derivative[1]` mit obiger Funktion D identisch, während `Derivative` sogar die Signatur

$$\mathbb{N} \to ((\mathbb{R} \to \mathbb{R}) \to (\mathbb{R} \to \mathbb{R}))$$

hat.

Das Ganze mag sich zunächst sehr esoterisch anhören, aber in Wirklichkeit sind Funktionen im Sinne von Berechnungsvorschriften als Ergebnis symbolischer Rechnungen eher Alltag, denn jeder Differentialgleichungslöser muss ja solche Antworten liefern. Oft lassen sich solche Funktionen nicht einmal durch elementare Funktionen ausdrücken; die Berechnungsvorschriften liegen nur als compilierte Programme vor, mit denen ein Visualisierer oder eine numerische Auswertung etwas anfangen kann. In diesem Sinne gibt es nicht nur Funktionsbezeichner ohne Ausführungsvorschrift und Ausführungsvorschriften ohne Funktionsbezeichner, sondern auch Funktionen, von denen wir weder einen Namen noch eine explizit bekannte Ausführungsvorschrift kennen, sondern nur eine semantische Spezifikation als „Black Box", wie im Ergebnis der folgenden Interpolationsaufgabe in MATHEMATICA:

```
points = {{0,0},{1,1},{2,3},{3,4},{4,3},{5,0}};
ifun = Interpolation[points]
```

$$\text{InterpolatingFunction}[\{\{0,5\}\},<>]$$

`ifun` ist eine auf dem Intervall $[0,5]$ definierte Interpolationsfunktion durch die angegebenen Punkte `points`, welche die in der Dokumentation angegebenen Eigenschaften hat, von der aber diesmal nicht einmal die genaue Funktiondefinition durch entsprechende Optionen angezeigt werden kann. Auch derartige Funktionen können in MATHEMATICA einem Bezeichner zugewiesen und dann zur grafischen Visualisierung, hier zum Beispiel mit `Plot[ifun[x],{x,0,5}]`, aufgerufen werden. Auch eine Taylorentwicklung `Series[ifun[x],{x,0,3}]` kann berechnet werden. Mit derart komplexen Objekten werden wir es in diesem Buch aber nicht weiter zu tun haben.

2.5 Terme und Termumformungen

Eine weitere Besonderheit eines CAS gegenüber Taschenrechnern und klassischen Programmiersprachen ist ihre Fähigkeit zur Termumformung. Dies wollen wir zunächst an symbolischen Ausdrücken demonstrieren, die gewöhnliche Variablen enthalten, also Bezeichner wie x, y, z ohne weitergehende mathematische Semantik. Aus solchen Symbolen kann man mit Hilfe der vier Grundrechenarten *rationale Funktionen* zusammenstellen.

Betrachten wir dazu folgendes Beispiel:
```
u : a/((a-b)*(a-c)) + b/((b-c)*(b-a)) + c/((c-a)*(c-b));
```

$$\frac{a}{(a-b)\,(a-c)} + \frac{b}{(b-a)\,(b-c)} + \frac{c}{(c-a)\,(c-b)}$$

Es ergibt sich die Frage, ob man diesen Ausdruck weiter vereinfachen kann. Dazu sollte man einen gemeinsamen Hauptnenner bilden, den Zähler als polynomialen Ausdruck durch Ausmultiplizieren vereinfachen und dann schauen, ob sich im Ergebnis vielleicht noch gemeinsame Faktoren in Zähler und Nenner finden, die sich herauskürzen lassen. Diesen Prozess bezeichnet man als *Normalformberechnung*.

In MAXIMA kann eine solche Berechnung mit der Funktion `ratsimp` ausgeführt werden.

```
ratsimp(u);
```
$$0$$

Wir wollen auch hier gleich für eine ganze Serie von Ausdrücken

$$u_n := \frac{a^n}{(a-b)\,(a-c)} + \frac{b^n}{(b-c)\,(b-a)} + \frac{c^n}{(c-a)\,(c-b)}$$

mit $n \in \mathbb{N}$ untersuchen, wie sie sich unter Normalformbildung verhalten.

Es gibt zwei verschiedene Möglichkeiten, derartige Serien von Beispielen anzuschreiben: Einmal können wir u_n als symbolischen Ausdruck

```
v : a^n/((a-b)*(a-c)) + b^n/((b-c)*(b-a))
    + c^n/((c-a)*(c-b));
```

anschreiben, in dem die Variablen x, y, z und n im Symbolmodus verwendet werden, und für konkrete Untersuchungen n mit Hilfe des Substitutionsoperators lokal durch einen konkreten Wert ersetzen. Andererseits können wir u_n auch als *Funktion*

```
u(n) := a^n/((a-b)*(a-c)) + b^n/((b-c)*(b-a))
    + c^n/((c-a)*(c-b));
```

Konzepte

mit dem formalen Parameter n und den Variablen x, y, z im Symbolmodus vereinbaren und später die einzelnen Ausdrücke $u(1), u(2), \ldots$ untersuchen. Beachten Sie den Unterschied im Anschreiben durch die Zuweisungen : für Ausdrücke und := für Funktionsdefinitionen sowie die konzeptionelle Differenz zwischen beiden Notationsformen.

> **Merksatz 11:**
> Serien von zu untersuchenden Ausdrücken können entweder als globaler Ausdruck oder als funktionaler Zusammenhang angeschrieben werden. Beide Formen sind weitgehend gleichwertig, sollten aber in einer Rechnung nicht vermischt werden. Wir werden in der Regel die funktionale Notation verwenden.

Wir können nun u_2 entweder mit dem Kommando `ratsimp(ev(v,n=2))` (Variante globaler Ausdruck) oder mit dem Kommando `ratsimp(u(2))` (Variante funktionaler Zusammenhang) vereinfachen und kommen in beiden Varianten zum selben Ergebnis 1.

Mit einem der beiden Kommandos

```
makelist(expand(ratsimp(ev(v,n=i))),i,1,5);
```

oder

```
makelist(expand(ratsimp(u(i))),i,1,5);
```

können wir simultan gleich eine ganze Serie von Ausdrücken $u_i, i = 1, \ldots, 5$ untersuchen. Das zusätzliche `expand` löst noch Klammern auf, die in der Ausgabe von `ratsimp` aus Gründen stehen bleiben, die hier nicht weiter diskutiert werden sollen. Im Ergebnis erhalten wir in allen Fällen polynomiale Ausdrücke.

$$\left[0, 1, \, c+b+a, \, c^2 + bc + ac + b^2 + ab + a^2, \right.$$
$$\left. c^3 + bc^2 + ac^2 + b^2 c + abc + a^2 c + b^3 + ab^2 + a^2 b + a^3 \right]$$

Eine genauere Analyse zeigt, dass in den Beispielen u_n für $n > 2$ zur Summe *aller* möglichen Terme in a, b, c vom Grad $n - 2$ vereinfacht werden kann, die man auch als *volle symmetrische Summe* vom Grad $n - 2$ bezeichnet.

Ähnlich kann in MATHEMATICA vorgegangen werden. Ich beschränke mich auf die funktionale Notation als

```
u[n_] := a^n/((a-b)*(a-c)) + b^n/((b-c)*(b-a))
    + c^n/((c-a)*(c-b));
```

Auch diese Ausdrücke können mit `Together` wie oben vereinfacht werden. Probieren Sie dagegen die unspezifischere Funktion `Simplify` aus, so erhalten Sie für $n \geq 6$ andere Ergebnisse:

`u1 = Together[u[7]]`
$$a^5 + a^4 b + a^3 b^2 + a^2 b^3 + a b^4 + b^5 + \ldots + a c^4 + b c^4 + c^5$$

`u2 = Simplify[u[7]]`
$$\frac{-(b^7 (a - c)) + a^7 (b - c) + (a - b) c^7}{(a - b)(a - c)(b - c)}$$

Im MATHEMATICA-Hilfesystem heißt es dazu:

> There are many situations where you want to write a particular algebraic expression in the simplest possible form. Although it is difficult to know exactly what one means in all cases by the 'simplest form', a worthwhile practical procedure is to look at many different forms of an expression, and pick out the one that involves the smallest number of parts.

Diese *Anzahl von Teilen* lässt sich mit der Funktion `LeafCount` bestimmen.

`w1 = Table[Together[u[n]], {n,2,7}]`
`w2 = Table[Simplify[u[n]], {n,2,7}]`

Für `Simplify` erhält man Ausdrücke mit maximal 50 Blättern, während die Expansion als ganzrationale Ausdrücke mit `Together` für $n \geq 6$ mehr als 50 Blätter liefert.

`LeafCount /@ w1`
`LeafCount /@ w2`

$\{1, 4, 19, 44, 79, 124\}$

$\{1, 4, 18, 39, 50, 50\}$

Das Beispiel zeigt also, dass `Simplify` in der Tat den „einfachsten" Ausdruck in einer wohlbestimmten Semantik gefunden hat, auch wenn wir „einfach" in einer anderen Semantik im Sinn hatten.

> **Merksatz 12:**
> Dieses Beispiel zeigt eine sehr typische Situation im Umgang mit einem CAS – das System wirft uns eine Antwort an den Kopf, die nicht unseren Erwartungen entspricht. Die Gründe hierfür herauszufinden und die Frage besser zu stellen ist oft eine große Herausforderung, in der es wenig hilft, die Systementwicklerinnen oder gar den Computer zu verfluchen, auf dem die aktuelle Rechnung gelaufen ist.

2.6 Listen

Wir haben wesentliche Sprachelemente kennengelernt, um ein erstes rechnerisches Experiment zu starten, zu dem Mathematikerinnen früher zu Bleistift und Papier gegriffen hätten: Wir wollen genauer untersuchen, welche Regelmäßigkeiten unter den größten gemeinsamen Teiler

$$g(n) = \gcd(2^{3n} - 1, 3^{2n} - 1)$$

für verschiedene n zu finden sind.

Wir erstellen dazu zunächst eine ausreichend große Tabelle mit experimentellem Material, indem wir genügend viele Paare $(n, g(n))$ berechnen. Wir könnten die Ergebnisse einfach in einer Tabelle auf dem Bildschirm anordnen, das hätte aber den Nachteil, dass wir die Ergebnisse zwar betrachten, aber nicht weiterverarbeiten könnten. Wir wollen stattdessen stets Inhalt und Layout trennen, zunächst das Ergebnis berechnen und in einer Variablen speichern, und erst im zweiten Schritt über das Layout nachdenken.

Dies lässt sich besonders gut mit MATHEMATICA realisieren:

```
l = Table[{n,GCD[2^(3*n)-1,3^(2*n)-1]},{n,1,30}]
```

$$\{\{1,1\},\{2,1\},\{3,7\},\ldots,\{28,145\},\{29,1\},\{30,174251\}\}$$

berechnet zunächst die ersten 30 Paare $\{n, g(n)\}$. Mit dem Kommando

```
l // MatrixForm
```

kann das Ergebnis dann in Matrixform ausgegeben werden. MATHEMATICA verwendet zur Aggregation des Ergebnisses eine Liste {...}, Paare werden als zweielementige Listen dargestellt. Eine derartige verschachtelte Liste kann MATHEMATICA auch als Matrix interpretieren, wovon wir im zweiten Befehl Gebrauch gemacht haben. Statt `l // MatrixForm` hätten wir auch `MatrixForm[l]` schreiben können – MATHEMATICA-Nutzerinnen verwenden aber gern die nachgestellte Form mit `//` für einstellige Funktionen.

> **Merksatz 13:**
>
> Rechenergebnisse sollten stets für die weitere Verwendung in Variablen gespeichert werden. Der Zugriff auf Ergebnisse früherer Rechnungen mit Kommandos wie `last` oder `%` oder gar per Copy/Paste mit der Maus auf dem Bildschirm ist fehleranfällig und schwer reproduzierbar.
>
> Rechenergebnisse sollten zunächst inhaltlich gespeichert werden und erst in einem zweiten Schritt das gewünschte Layout erzeugt werden.

Ähnlich können wir in MAXIMA vorgehen, wobei hier nicht so schöne Methoden zur Ausgabeformatierung existieren:

`l:makelist([n,gcd(2^(3*n)-1,3^(2*n)-1)],n,1,30);`

$$[[1,1],[2,1],[3,7],[4,5],[5,1],[6,511],\ldots,[29,1],[30,174251]]$$

Wir sehen an der Ausgabe, dass auch MAXIMA keinen Unterschied macht zwischen Paaren und Listen; auch hier sind Paare einfach zweielementige Listen.

Nun können wir zum Beispiel prüfen, für welche n der Wert $g(n)$ eine Primzahl ist: Wir müssen dazu jedes Element u der Liste l durchgehen, von jedem solchen Element den zweiten Teil (also $g(n)$) als `part(u,2)` herausnehmen und mit der schon bekannten Funktion `primep` prüfen, ob es sich um eine Primzahl handelt. Wenn ja, dann soll das entsprechende Paar selektiert werden.

> **Merksatz 14:**
>
> Eine solche Aufgabe übernimmt die MAXIMA-Funktion `sublist(l,f)`, die als ersten Parameter eine Liste l und als zweiten Parameter eine Funktion f übergeben bekommt.

Konzepte

Für alle Elemente u der Liste l wird $f(u)$ berechnet und u in das Ergebnis übernommen, wenn sich bei dieser Berechnung $f(u) = true$ ergeben hat. Die Funktion f haben wir im folgenden Beispiel gleich als *namenlose Funktion* angeschrieben.

`sublist(l,lambda([u],primep(part(u,2))));`

$$[[3,7],[4,5],[9,7],[10,11],[11,23],[17,103],[23,47],[25,151],[27,7]]$$

> **Merksatz 15:**
>
> `lambda([u],A(u))` steht für eine einstellige Funktion mit formalem Parameter u und der Berechnungsvorschrift $A(u)$. Eine solche namenlose Funktion kann mit dem Zuweisungsoperator `f:lambda([u],A(u))` einem Funktionsbezeichner f zugewiesen werden, was äquivalent zur Funktionsdefinition `f(u):=A(u)` ist.

Neben einer solchen Auswahl einer Teilliste können wir auch ganze Listen umformen. Wir können zum Beispiel die Werte $g(n)$ in Faktoren zerlegen, um nach weiteren Teilbarkeitseigenschaften in der Liste l zu suchen.

> **Merksatz 16:**
>
> Eine solche Aufgabe übernimmt die MAXIMA-Funktion `map(f,l)`, die als zweiten Parameter eine Liste l und als ersten Parameter eine Funktion f übergeben bekommt.

Es wird $f(u)$ für alle Elemente u der Liste l berechnet und das Ergebnis wieder in einer Liste aggregiert. Soll unsere neue Liste etwa aus den Paaren $(n, factor(g(n)))$ bestehen, so kann das mit der folgenden namenlosen Funktion erreicht werden:

`map(lambda([u],[part(u,1),factor(part(u,2))]),l);`

$$[[1,1],[2,1],[3,7],[4,5],[5,1],[6,7\cdot 73],[7,1],[8,5\cdot 17],[9,7],\ldots]$$

Ähnlich kann das in MATHEMATICA angeschrieben werden als

    Map[Function[{u},{u[[1]], Factor[u[[2]]]}], l]

oder

    {#[[1]], Factor[#[[2]]]} & /@ l.

In der ersten Zeile steht die ausführliche Form in *Präfixnotation*, in der zweiten eine unter MATHEMATICA-Nutzerinnen gern verwendete Kurzform derselben Befehle in *Infixnotation*. Die erste Zeile ist analog der map-Anweisung von MAXIMA aufgebaut. In der zweiten Zeile steht der Infixoperator /@ für die Map-Funktion, deren Parameter links und rechts vom Operator /@ zu finden sind. Die Berechnungsvorschrift der namenlosen Funktion wird durch den Postfixoperator & begrenzt, als formaler Parameter wird die Slot-Variable # verwendet. Für weitere Details dieser nur auf den ersten Blick „mysteriösen" Notationsweise sei hier auf die MATHEMATICA-Dokumentation verwiesen.

Wir haben damit die wichtigsten Funktionen für die Arbeit mit Listen und Listenelementen kennengelernt, die in der folgenden Tabelle noch einmal zusammengefasst sind (MI steht für MATHEMATICA Infixnotation).

Merksatz 17:
Die wichtigsten Befehle zur Arbeit mit Listen
in MAXIMA und MATHEMATICA

Operation	MAXIMA	MATHEMATICA Präfix	MI
Substitution	ev(u,x=a)	ReplaceAll[u,x->a]	u/.x->a
Liste erzeugen	makelist(i^2,i,1,5)	Table[i^2,{i,1,5}]	–
Map	map(l,f)	Map[f,l]	f/@l
Select	sublist(f,l)	Select[f,l]	–
Listenelement	part(u,i) oder l[i]	Part[u,i]	u[[i]]

Konzepte

2.7 Solve und Substitutionslisten

Eine zentrale Aufgabe im symbolischen Rechnen ist das Lösen von Gleichungssystemen verschiedenster Art. Hierfür bietet jedes CAS mit einem Befehl der Bauart `solve(sys,vars)` eine Schnittstelle an, in der die Problemlösefähigkeiten gebündelt werden. Hierbei steht `sys` für eine Liste von Gleichungen und `vars` für eine Liste von Variablen, nach denen die Gleichungen aufgelöst werden sollen.

Beim Anschreiben derartiger Systeme sind `sys` und `vars` Variablen im Wertmodus, während die im Gleichungssystem vorkommenden Variablen, etwa x, y, z, im Symbolmodus auftreten und auch im Symbolmodus bleiben sollen.

> **Merksatz 18:**
> Die zum Anschreiben eines Gleichungssystems verwendeten Variablen im Symbolmodus sollten unter keinen Umständen in den Wertmodus wechseln, da hiermit die Referenz auf das Gleichungssystem zerstört würde.

Im folgenden MAXIMA-Beispiel bestimmen wir die Lösungen des Systems

$$x^2 + y = 2,\ y^2 + x = 2.$$

```
sys:[x^2+y=2, y^2+x=2];
sol:solve(sys,[x,y]);
```

$$\left[\left[x = -\frac{\sqrt{5}-1}{2}, y = \frac{\sqrt{5}+1}{2}\right], \left[x = \frac{\sqrt{5}+1}{2}, y = -\frac{\sqrt{5}-1}{2}\right],\right.$$
$$\left.[x = -2, y = -2],\ [x = 1, y = 1]\right]$$

```
float(sol);
```

$$\Big[[x = -0.618, y = 1.618], [x = 1.618, y = -0.618],$$
$$[x = -2.0, y = -2.0], [x = 1.0, y = 1.0]\Big]$$

Das Ergebnis, das wir zur weiteren Referenz gleich in einer Variablen `sol` (eine Variable im Wertmodus) gespeichert haben, ist eine Liste aus vier Paaren und entspricht dem, was wir auch geometrisch erwarten können: Die Lösungen sind genau die vier Schnittpunkte der beiden Parabeln $y = 2 - x^2$ und $x = 2 - y^2$.

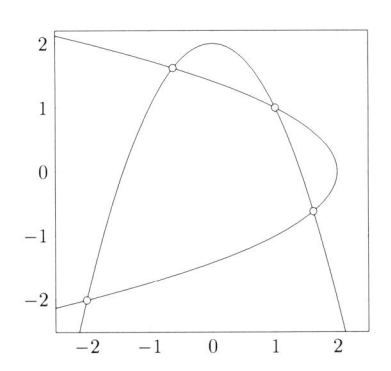

Die Gleichheitszeichen beim Anschreiben von `sys` und in der Ausgabe `sol` unterscheiden sich in ihrer semantischen Bedeutung. Während in der Aufgabenstellung = die Aufforderung beinhaltet „Löse das Gleichungssystem", steht in der Antwort = für die Zuordnung eines Werts zu einer Variablen in einer solchen Form, dass wir sie gleich im Substitutionsoperator verwenden können. Eine solche Liste bezeichnen wir als *Substitutionsliste*.

Die meisten CAS verwendet das Gleichheitszeichen in dieser Doppelbedeutung, allein MATHEMATICA unterscheidet den Gebrauch zwischen = (Zuweisung), == (Anschreiben einer Gleichung) und → (Zuordnung eines Werts zu einer Variablen).

```
sys={x^2+y==2, y^2+x==2}
sol=Solve[sys,{x,y}]
```

$$\left\{ \left\{ x \to -\frac{\sqrt{5}-1}{2}, y \to \frac{\sqrt{5}+1}{2} \right\}, \left\{ x \to \frac{\sqrt{5}+1}{2}, y \to -\frac{\sqrt{5}-1}{2} \right\}, \right.$$
$$\left. \{x \to -2, y \to -2\}, \{x \to 1, y \to 1\} \right\}$$

Mit MAXIMA können wir aus einer derartigen Substitutionsliste `sol` zum Beispiel die Koordinaten der vier Schnittpunkte der beiden Parabeln extrahieren, indem wir in den symbolischen Ausdruck `[x,y]` jedes Element u der Liste `sol`

Konzepte

einsetzen: `ev([x,y],u)`. Zusammen mit dem `map`-Operator kann das wie folgt angeschrieben werden:

`schnittpunkte:map(lambda([u],ev([x,y],u)),sol);`

$$\left[\left[-\frac{\sqrt{5}-1}{2},\frac{\sqrt{5}+1}{2}\right],\left[\frac{\sqrt{5}+1}{2},-\frac{\sqrt{5}-1}{2}\right],[-2,-2],[1,1]\right]$$

Wir können auf diese Weise auch die Probe ausführen. Dazu muss nur jedes Element u der Liste `sol` in die Ausgangsgleichungen `sys` eingesetzt und danach das Ergebnis möglicherweise noch weiter vereinfacht werden. In diesem Fall reicht es auch, die entstehenden Wurzelausdrücke mit dem Kommando `expand` auszumultiplizieren.

`probe:map(lambda([u],expand(ev(sys,u))),sol);`

$$[[2=2,2=2],[2=2,2=2],[2=2,2=2],[2=2,2=2]]$$

Wir sehen, dass für alle vier Lösungen die Probe aufgeht.

> **Merksatz 19:**
> Substitutionslisten sind ein probates Mittel, um lokale Wertzuweisungen an Variablen zu organisieren, die global im Symbolmodus verbleiben sollen.

2.8 Zur internen Darstellung von Ausdrücken

Heißt es in MATHEMATICA „everything is an expression", so bedeutet dies zugleich, dass alles, was in diesem CAS an Ausdrücken verwendet wird, intern nach denselben Prinzipien aufgebaut ist.

Sehen wir uns an, wie Ausdrücke in MATHEMATICA und MAXIMA intern dargestellt werden. Die folgenden Prozeduren gestatten es jeweils, diese innere Struktur sichtbar zu machen.

MATHEMATICA: Die Funktion `FullForm` erlaubt einen Blick auf die interne Darstellung eines Ausdrucks.

MAXIMA: Mit den folgenden zwei Funktionen kann man (in den meisten Fällen) die innere Struktur von Ausdrücken rekursiv ergründen.

```
level1(u):=makelist(part(u,i),i,0,length(u));
structure(u):= if atom(u) then u else map(structure,level1(u));
```

So wird der Ausdruck (x+y)^5 in MATHEMATICA als Power[Plus[x, y], 5] und in MAXIMA als [^,[+,x,y],5] dargestellt, während das Resultat der Auswertung von expand((x+y)^5) in MATHEMATICA als

```
Plus[ Power[x, 5], Times[5, Power[x, 4], y],
   Times[10, Power[x, 3], Power[y, 2]],
   Times[10, Power[x, 2], Power[y, 3]],
   Times[5, x, Power[y, 4]], Power[y, 5] ]
```

und in MAXIMA als

```
[+, [^, x, 5], [*, 5, [^, x, 4], y],
   [*, 10, [^, x, 3], [^, y, 2]],
   [*, 10, [^, x, 2], [^, y, 3]],
   [*, 5, x, [^, y, 4]], [^, y, 5]]
```

dargestellt wird.

Ähnliche Gemeinsamkeiten findet man auch bei der Struktur anderer Ausdrücke. Probieren Sie es aus!

> **Merksatz 20:**
>
> Die interne Darstellung der Argumente symbolischer Funktionsausdrücke erfolgt in Listenform, wobei die Argumente selbst wieder Funktionsausdrücke sein können, also der ganze Ausdruck in geschachtelter Listenstruktur abgespeichert wird.
>
> Der zentrale Datentyp für die interne Darstellung von Ausdrücken in einem CAS ist also die geschachtelte Liste.

Bemerkenswert ist, dass der Funktionsname keine Sonderrolle spielt, sondern als „nulltes" Listenelement, als *Kopf*, gleichrangig mit den Argumenten in der Liste steht. Auch in MATHEMATICA kann man auf die einzelnen Argumente eines Ausdrucks s mit Part[s,i] und auf das Kopfsymbol mit Part[s,0] zugreifen. Eine solche Darstellung erlaubt es, als Funktionsnamen nicht nur Bezeichner, sondern auch symbolische Ausdrücke zu verwenden. Ausdrücke statt Funktionsnamen entstehen im symbolischen Rechnen auf natürliche Weise, wie ich oben bereits genauer dargestellt habe. In MAXIMA ist dies allerdings nur eingeschränkt möglich.

Die interne Darstellung von Funktionsausdrücken durch (geschachtelte) Listen, in denen das erste Listenelement den Funktionsnamen und die restlichen Elemente die Parameterliste darstellen, ist typisch für die Sprache LISP, die Urmutter aller modernen CAS. CAS verwenden im Kopfelement gespeicherte Bezeichner darüber hinaus auch zur Kennzeichnung einfacher Datenstrukturen (Listen, Mengen, Matrizen) sowie zur Speicherung von Typangaben atomarer Daten, also für ein *syntaktisches Typsystem*.

Ein solches Datendesign erlaubt eine hochgradig homogene Datenrepräsentation, denn die gesamte Struktur kann als Binärbaum aus Pointerpaaren („dotted pairs") aufgebaut werden, wobei in jedem solchen Paar der erste Pointer auf das entsprechende Listenelement, der zweite auf die Restliste zeigt. Nur auf der Ebene der Blätter tritt eine überschaubare Zahl anderer (atomarer) Datenstrukturen wie Bezeichner, ganze Zahlen, Floatzahlen oder Strings auf. Eine solche homogene Datenstruktur erlaubt trotz der sehr unterschiedlichen Größe der verschiedenen symbolischen Daten die effiziente dynamische Allokation und Reallokation von Speicher, da einzelne Pointerpaare jeweils dieselbe Größe haben.

3 Abitur, Leistungskurs Mathematik, Sachsen 2009

In diesem Kapitel werden wir die Aufgaben des sächsischen Abiturs zum Leistungskurs Mathematik 2009 besprechen, wie sie zum Haupttermin gestellt wurden. Die genauen Gründe für dieses Vorgehen sind weiter unten erläutert. Da sich die Grundstruktur der Aufgaben an den Bildungsstandards orientiert und sich damit seit 2009 wenig verändert hat, erscheint dem Autor – auch mit Blick auf den grundlegenden Charakter dieses Buches – ein solches Vorgehen gerechtfertigt.

Wir besprechen die Lösungen dieser Aufgaben nicht nur unter dem Aspekt mathematik-sprachlicher Stringenz, sondern zeigen auf, wie unsere „Regeln für guten Code" aus Kapitel 2 praktische Wirkung entfalten. Zu jeder Aufgabe

- reproduzieren wir die Aufgabenstellung,
- referenzieren das Basiswissen, welches zum Lösen dieser Aufgaben zum Einsatz kommt,
- entwickeln einen prinzipiellen mathematischen Lösungsplan für die einzelnen Unterpunkte der gestellten Aufgabe und
- zeigen dann exemplarisch, wie dieser Lösungsplan mit CAS-Unterstützung umgesetzt werden kann.

Im Umsetzungsteil gehen wir insbesondere auf verschiedene zu erwartende und unerwartete praktische Schwierigkeiten ein und zeigen, wie diese gemeistert werden können.

Die Prüfungsarbeit bestand aus den zu bearbeitenden Pflichtteilen A, B und C sowie dem Wahlteil D. Es waren alle Aufgaben der Pflichtteile zu bearbeiten. Aus dem Teil D war genau eine der beiden Aufgaben zu bearbeiten. Insgesamt waren 90 Bewertungseinheiten (BE) erreichbar, davon im Teil A 35 BE, im Teil B 25 BE, im Teil C 15 BE, im Teil D 15 BE.

Wie bereits im Vorwort erwähnt ist es schwierig, neuere Abituraufgaben auf urheberrechtlich saubere Weise für ein Buchprojekt wie dieses zu verwenden. Hierfür aufzubringende Kosten nach § 32 UrhG würden sich auf den Buchpreis auswirken, was sowohl der Philosophie des Autors als auch des Verlags widerspricht. Die Frage, ob die Aufgaben kostenfrei nach § 51 UrhG (Zitatrecht) genutzt werden können, ist umstritten, der Freistaat Sachsen geht seit Erlass einer entsprechenden Verwaltungsvorschrift im Jahr 2011 davon aus, dass eine solche Nutzung erlaubnispflichtig ist.

Im Zusammenhang mit der Diskussion um die Durchsetzung der Bildungsstandards und den Bemühungen um eine bundesweite Harmonisierung der Abituranforderungen wurde vor einigen Jahren beschlossen, gemeinsame Abituraufgabenpools der Länder zu erstellen. Mit der Koodinierung dieser Bemühungen ist das *Institut zur Qualitätsentwicklung im Bildungswesen* (IQB) als wissenschaftliche Einrichtung der Länder an der Humboldt-Universität Berlin beauftragt, das insbesondere auch über die Arbeit am Abituraufgabenpool Mathematik regelmäßig berichtet und auf seinen Webseiten [9] sowohl Orientierungsaufgaben als auch die Poolaufgaben aus dem Jahr 2017 veröffentlicht hat. Mehr noch werden auch die Poolaufgaben der nächsten Jahre dort online veröffentlicht und frei zugänglich sein[15]. Aber auch diese Aufgaben können nicht auf urheberrechtlich unbedenkliche Weise für ein Buchprojekt wie dieses verwendet werden.

---

[15]Private Kommunikation. Siehe dazu detaillierter
http://leipzig-netz.de/index.php5/HGG.Abituraufgaben.

Teil A. Analysis

A.1 Die Aufgabenstellung

Für jedes k mit $k \in \mathbb{R}, k > 0$, ist eine Funktion f_k durch

$$y = f_k(x) = 6\,k\,x^2\,e^{-k\,x^3} \quad (x \in \mathbb{R})$$

gegeben.

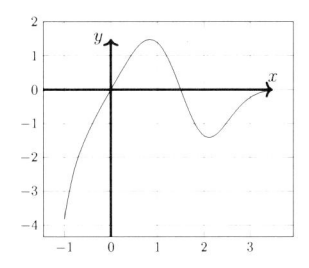

a) Obige Abbildung zeigt für eine Funktion f_k den Graphen ihrer ersten Ableitungsfunktion f_k' im Intervall $-1 \leq x \leq 3{,}5$.

   Geben Sie aufgrund dieser Abbildung für die zugehörige Funktion f_k bzw. für ihren Graphen folgende Eigenschaften im gegebenen Intervall an:

   1. Abszisse des lokalen Minimumpunktes,
   2. Intervall, in dem f_k monoton wachsend ist,
   3. Anzahl der Wendestellen.

   Begründen Sie Ihre Entscheidungen mithilfe der Abbildung.

b) Berechnen Sie die Koordinaten des lokalen Maximumpunktes des Graphen der Funktion f_k.

   Der lokale Maximumpunkt des Graphen der Funktion f_k kann in der Form

   $$P_k\left(\sqrt[3]{\frac{2}{3\,k}} \;\Big|\; 6\cdot\sqrt[3]{\frac{4\,k}{9\,e^2}}\right)$$

   angegeben werden. Geben Sie den Wert für k an, für den der lokale Maximumpunkt an der Stelle $x = 1$ liegt.

   Die lokalen Maximumpunkte der Graphen jeder der Funktionen f_k liegen auf dem Graphen einer Funktion g. Geben Sie eine Gleichung der Funktion g an.

c) Die Gerade t_k ist die Tangente an den Graphen der Funktion f_k im Punkt $P_k\left(1 \mid f_k(1)\right)$. Begründen Sie, dass t_k durch die Gleichung
$$y = t_k(x) = \frac{12\,k - 18\,k^2}{\mathrm{e}^k}\,x + \frac{18\,k^2 - 6\,k}{\mathrm{e}^k}$$
beschrieben werden kann.

Die Tangente t_k und die Koordinatenachsen bilden für bestimmte Werte für k ein Dreieck. Ermitteln Sie die Werte für k, für die kein solches Dreieck entsteht.

Es gibt Werte für k, so dass das entstehende Dreieck gleichschenklig ist. Bestimmen Sie einen Näherungswert für einen solchen Wert für k.

d) Der Graph der Funktion f_k, die Abszissenachse und die Gerade $x = c$ mit $c \in \mathbb{R}$, $c > 0$ begrenzen eine Fläche vollständig.

Ermitteln Sie c in Abhängigkeit von k so, dass der Inhalt dieser Fläche 1 beträgt.

Bestimmen Sie den Inhalt dieser Fläche für $c \to \infty$.

e) Betrachtet wird die Funktion f_k für $k = \frac{1}{12}$. Für jedes u mit $u \in \mathbb{R}$, $0 < u < 2$ sind die Punkte $P_u\left(u \mid f_{1/12}(u)\right)$ und $R\,(2 \mid 0)$ diagonal gegenüberliegende Eckpunkte genau zweier Trapeze mit folgenden Eigenschaften:

1. eine Seite jedes Trapezes liegt auf der Abszissenachse,
2. eine Seite jedes Trapezes liegt auf der Geraden mit der Gleichung $x = 2$,
3. genau zwei Eckpunkte jedes Trapezes liegen auf dem Graphen von $f_{1/12}$,
4. der Koordinatenursprung ist ein Eckpunkt genau eines dieser beiden Trapeze.

f) Skizzieren Sie den Graphen von $f_{1/12}$ für $-1 \leq x \leq 3$ und diese beiden Trapeze für $u = 1.5$ in einem gemeinsamen Koordinatensystem.

Es existiert genau ein Wert u, für den die Inhalte dieser beiden Trapeze gleich groß sind. Ermitteln Sie einen Näherungswert für diesen Wert u.

Leistungskurs Mathematik, Analysis

A.2 Basiswissen

Es besteht folgender Zusammenhang zwischen dem Graphen einer über ganz $\mathbb{R}$ definierten Funktion f, ihrer Ableitung f' und ihrer Stammfunktion F.

1. Notwendige Voraussetzung für das Vorliegen eines lokalen Extrempunkts $(x_0 \mid f(x_0))$ ist $f'(x_0) = 0$.

2. f ist in einem Intervall monoton wachsend, wenn für jeden Intervallpunkt $f'(x) \geq 0$ gilt.

3. Die Wendestellen der Funktion f fallen mit den Hoch- und Tiefpunkten der Ableitung f' zusammen.

4. Die Tangente t an den Graphen der Funktion f im Punkt $P(x_0 \mid f(x_0))$ hat die Gleichung $y = t(x) = f'(x_0)\,(x - x_0) + f(x_0)$, denn sie hat den Anstieg $f'(x_0)$ und verläuft durch den Punkt P.

5. Gilt $f(x) \geq 0$, so ist der Flächeninhalt der vom Funktionsgraphen f, der Abszissenachse sowie den Geraden $x = a$ und $x = b$ mit $a < b$ begrenzten Fläche gleich $I = \int_a^b f(x)\,dx = F(b) - F(a)$.

A.3 Lösungsplan

a) Gib im CAS die Funktion ein, berechne deren Ableitung und lass dir konkrete Funktionsgraphen für einige Werte von k anzeigen, um ein Gefühl für die gegebene Situation zu bekommen.

Offensichtlich gilt $f_k(x) \geq 0$ und $f_k(0) = 0$; f_k hat also für alle $k > 0$ ein globales Minimum bei $x_0 = 0$.

b) Löse die Gleichung $f'_k(x) = 0$ als notwendige Bedingung für ein lokales Maximum. Neben der Lösung $x_0 = 0$ sollte diese Gleichung eine zweite Lösung x_1 haben, deren Koordinaten von k abhängen. Die Antwort ist zur Kontrolle in der Aufgabe bereits angegeben.

Für den weiterhin gesuchten funktionalen Zusammenhang $y = g(x)$ müssen wir nur aus den Koordinaten $y = 6 \cdot \sqrt[3]{\dfrac{4k}{9\,e^2}}$ und $x = \sqrt[3]{\dfrac{2}{3k}}$ der Punkte $P_k, k > 0$, den Parameter k eliminieren.

c) Die Tangentengleichung ergibt sich sofort aus der einschlägigen Formel $y = t_k(x) = f'_k(1)\,(x-1) + f_k(1)$. Für die Beantwortung der beiden weiteren Fragen sind die Schnittpunkte dieser Geraden mit den Koordinatenachsen zu bestimmen.

d) Da $f_k(x)$ durch den Ursprung verläuft und $f_k(x) \geq 0$ für alle $x \in \mathbb{R}$ gilt, kann der gesuchte Flächeninhalt als Funktion

$$I_k(c) = \int_0^c f_k(x)\,dx = F(c) - F(0)$$

bestimmt werden.

e+f) Hier ist zunächst die geometrische Situation zu analysieren, welche Trapeze genau gemeint sind.

Dann ist die Flächenformel $F = \frac{1}{2}\,(a+c)\,h$ für Trapeze anzuwenden, um die Frage zu beantworten.

A.4 Umsetzung

Funktionenscharen lassen sich in MAXIMA nur als zweistellige Funktionen f anschreiben. Wir berechnen dazu gleich die erste Ableitung df und plotten beide Funktionen für verschiedene $k > 0$ in einem sinnvollen Bereich:

```
f(k,x):=6*k*x^2*exp(-k*x^3);
define(df(k,x),diff(f(k,x),x));
plot2d(df(.2,x),[x,-1,3.5],[y,-4,2]);
```

Beachten Sie, dass bei der Definition von $df(k,x)$ die Berechnungsvorschrift `diff(f(k,x),x)` *auszuwerten* ist, wozu `define` verwendet werden muss.

Wir sehen nach einigem Probieren mit verschiedenen Werten für den Parameter k, dass der in der Aufgabenstellung abgebildete Graph der Ableitung etwa dem Parameter $k = 0.2$ entspricht[16].

---

[16] MAXIMA hält im Paket *draw* eine deutlich leistungsfähigere Funktion `draw2d` bereit, allein lässt sich das Paket in neueren Ubuntu-Versionen nicht laden. Ich verwende deshalb durchweg die etwas weniger komfortable Funktion `plot2d`.

a) Dieser Aufgabenteil ist anhand des Bilds schnell beantwortet: Einzige Nullstelle von f' ist $x_0 = 0$. Wir hatten bereits gesehen, dass $x_0 = 0$ ein globales Minimum jeder der Funktionen f_k ist. Die gezeigte Funktion f_k ist genau in dem Bereich monoton wachsend, wo $f'_k(x) \geq 0$ gilt, also im Intervall $x_0 \leq x \leq x_1$, wobei x_1 die zweite Nullstelle der Ableitung ist, für die wir aus dem Bild $x_1 \approx 1.5$ ablesen. Wendepunkte hat f_k so viele wie f'_k Hoch- und Tiefpunkte, also zwei.

Für $k = 0.2$ können wir noch mehr über x_1 herausbekommen.

```
find_root(df(.2,x),x,1,2);
```

$$1.493801582185721$$

Merksatz 21:
`find_root(f(x),x,a,b)` findet eine Nullstelle der Funktion $f(x)$ im Intervall $a < x < b$ mit der Methode der fortgesetzten Zweiteilung heraus. Voraussetzung ist, dass $f(a)$ und $f(b)$ unterschiedliche Vorzeichen haben. Für den Mittelpunkt c des Intervalls ist dann entweder $f(c) = 0$, womit eine Nullstelle gefunden ist, oder $f(c)$ und $f(a)$ haben verschiedene Vorzeichen oder $f(c)$ und $f(b)$ haben verschiedene Vorzeichen. Im ersten Fall setzen wir die Nullstellensuche rekursiv im Intervall $a < x < c$ fort, im zweiten Fall im Intervall $c < x < b$.

---

b) Wir lösen die Gleichung $f'_k(x) = 0$. Mit `df(k,x)` können wir die Ableitung berechnen.

`df(k,x);`

$$12\,k\,x\,\mathrm{e}^{-k\,x^3} - 18\,k^2\,x^4\,\mathrm{e}^{-k\,x^3}$$

Das Ergebnis ist allerdings unübersichtlich, wir erkennen einen gemeinsamen Faktor $\mathrm{e}^{-k\,x^3}$, den wir ausklammern können.

```
factor(df(k,x));
```

$$-6\,k\,x\,\left(3\,k\,x^3 - 2\right)\,e^{-k\,x^3}$$

Hieraus können wir bereits die Lösungen von $f'_k(x) = 0$ ablesen: Da $e^{-k\,x^3}$ stets positiv ist, ergeben sich die Nullstellen von $f'_k(x)$ als die Nullstellen des Polynoms $p(x) = x\,\left(3\,k\,x^3 - 2\right)$. Eine der Lösungen ist $x_0 = 0$, das bereits identifizierte globale Minimum. Als zweite Lösung ergibt sich $x_1 = \sqrt[3]{\frac{2}{3k}}$. Mehr noch, für $0 < x < x_1$ ist $p(x) < 0$ und damit $f'_k(x) > 0$, für $x > x_1$ dagegen $p(x) > 0$ und damit $f'_k(x) < 0$. Damit ist auch gezeigt, dass $f_k(x)$ von $x = x_0$ bis $x = x_1$ motonon wächst und danach monoton fällt, bei $x = x_1$ also der einzige lokale Maximumpunkt gegeben ist.

Die formale Anwendung von `solve`

```
sol:solve(df(k,x)=0,x);
```

$$\left[x = \frac{-2^{\frac{1}{3}} + 2^{\frac{1}{3}}\sqrt{3}\,\mathrm{i}}{2\cdot 3^{\frac{1}{3}}\cdot k^{\frac{1}{3}}},\, x = \frac{-2^{\frac{1}{3}} - 2^{\frac{1}{3}}\sqrt{3}\,\mathrm{i}}{2\cdot 3^{\frac{1}{3}}\cdot k^{\frac{1}{3}}},\, x = \frac{2^{\frac{1}{3}}}{3^{\frac{1}{3}}\cdot k^{\frac{1}{3}}},\, x = 0\right]$$

liefert allerdings vier Lösungen für die Gleichung $f'_k(x) = 0$; neben den beiden bereits berechneten Lösungen x_0 und x_1 noch zwei weitere komplexe Lösungen. CAS berechnen Lösungen polynomialer Gleichungen in der Grundvariante stets über den komplexen Zahlen, und da $3\,k\,x^3 - 2$ für festes $k > 0$ zwar genau eine reelle Nulstelle hat, aber als Polynom dritten Grades drei komplexe Nullstellen, ergeben sich die beiden überzähligen Antworten, die wir für die weitere Rechnung aussortieren müssen.

> **Merksatz 22:**
>
> `solve` sucht grundsätzlich nach Lösungen von Gleichungssystemen über den komplexen Zahlen.

Die uns interessierende Lösung ist das dritte Element `sol[3]` in dieser Liste. Daraus können wir die Koordinaten des Maximumpunkts P_k in Abhängigkeit von k extrahieren. Ein Punkt auf dem Graphen $f_k(x)$ hat die Koordinaten $(x\,|\,f_k(x))$. Wir müssen also in diese Formel nur den für x berechneten

Wert einsetzen. Wir definieren dazu eine Funktion $P(k)$, die zu jedem Parameter k die Koordinaten dieses Maximumpunkts P_k zurückgibt. Beachten Sie die Verwendung von `sol[3]` als Element einer Substitutionsliste. Der globale Symbolmodus des Bezeichners x wird nicht verändert.

`define(P(k),ev([x,f(k,x)],sol[3]));`

$$\left[\frac{2^{\frac{1}{3}}}{3^{\frac{1}{3}} \cdot k^{\frac{1}{3}}}, 2^{\frac{5}{3}} \cdot 3^{\frac{1}{3}} \cdot \mathrm{e}^{-\frac{2}{3}} \cdot k^{\frac{1}{3}}\right]$$

MAXIMA gibt die in der Aufgabenstellung bereits vorweggenommene Antwort in syntaktisch anderer Form zurück, die Gleichwertigkeit ist in diesem Fall aber leicht zu erkennen. `define` wird wieder verwendet, da bei der Funktionsdefinition die Berechnungsvorschrift `ev([x,f(k,x)],sol[3])` auszuwerten ist.

Die Frage, für welches k der lokale Maximumpunkt $P(k)$ bei $x=1$ liegt, ist nun auch leicht zu beantworten. Wir müssen nur die Gleichung $P(k)[1] = 1$ nach k auflösen. $P(k)[1]$ ist dabei die x-Koordinate von P_k.

`solve(P(k)[1]=1,k);`

$$\left[k = \frac{2}{3}\right]$$

Auf ähnliche Weise kann der Graph der gesuchten Funktion $y = g(x)$ bestimmt werden, auf dem alle Punkte $P(k)(x \mid y)$ liegen – wir müssen nur die Gleichung $x = P(k)[1]$ nach k umstellen und in $y = P(k)[2]$.
MAXIMA sperrt sich allerdings, die Gleichung $x = P(k)[1]$ zu lösen und fragt „Ist x positiv?" Das hängt mit den dritten Wurzeln zusammen und deren Mehrdeutigkeit im Komplexen. Wir lösen stattdessen die dazu über $\mathbb{R}$ äquivalente Gleichung $x^3 = P(k)[1]^3$, in der keine Wurzeln mehr vorkommen.

`eqn:x^3=P(k)[1]^3;`

$$x^3 = \frac{2}{3\,k}$$

`s1:solve(eqn,k);`

$$\left[k = \frac{2}{3\,x^3}\right]$$

`define(g(x),ev(P(k)[2],s1));`

$$g(x) := \frac{4\,\mathrm{e}^{-2/3}}{x}$$

Zur Veranschaulichung der Lösung produzieren wir abschließend ein Bild.

Wir sammeln dazu in der Liste l fünf Kurven aus der Schar f_k auf, in der Liste pts die zugehörigen Maximumpunkte P_k und lassen uns das Ganze zusammen mit $g(x)$ anzeigen. Wir sehen, dass $g(x)$ in der Tat durch die Maximumpunkte der Kurvenschar verläuft.

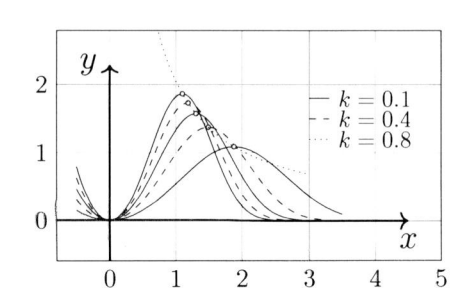

Hier der entsprechende MAXIMA-Code.

```
l:makelist(f(k,x),k,.1,.5,.1);
pts:makelist(P(k),k,.1,.5,.1);
plot2d(append(l,[[discrete, pts],g(x)]),
   [x,0,3.5],[y,-1,3],[legend,false],[point_type, bullet]
   [xtics, 0, 1, 4], [ytics, -1, 1, 3],
   [color,black,blue,black,blue,black,red,magenta],
   [style,lines,lines,lines,lines,lines,points,lines]
);
```

Die abgebildete schwarzweiße Grafik ist nach dem Original mit *tikz* erzeugt.

Wir wollen nun denselben Lösungsplan noch einmal in MATHEMATICA darstellen, um kurz zu zeigen, wie sich die Lösung modifiziert, wenn wir die Funktionenschar f_k tatsächlich als „Funktion von Funktionen" $k \to f_k$ anschreiben.

```
f[k_][x_] := 6*k*x^2*Exp[-k*x^3]
df[k_] = f[k]'
Plot[df[.2][x],{x,-1,3.5}]
```

In der ersten Zeile wird f_k als „Funktionsfunktion" $f[k]$ mit dem Parameter k als Aufrufargument definiert. f selbst hat die Signatur $f : \mathbb{R} \to (\mathbb{R} \to \mathbb{R})$. In der zweiten Zeile ist die Ableitung f'_k als $f[k]'$ angeschrieben und als neue

Leistungskurs Mathematik, Analysis 51

Funktion $df[k]$ vereinbart. Beachten Sie die Verwendung von := (Zuweisung ohne Auswertung der rechten Seite) in der ersten und = (Zuweisung mit Auswertung der rechten Seite) in der zweiten Zeile. Beim Aufruf von $f[k]$ bzw. $df[k]$ gibt MATHEMATICA die entsprechende Berechnungsvorschrift als namenlose Funktion zurück.

$$df[k] = 12 \cdot e^{-k \cdot \#1^3} \cdot k \cdot \#1 - 18 \cdot e^{-k \cdot \#1^3} \cdot k^2 \cdot \#1^4 \,\&$$

In der dritten Zeile wird schließlich daraus ein Plot erzeugt.
Die Gleichung $f'_k(x) = 0$ kann diesmal direkt gelöst und damit $P(k)$ definiert werden.

```
sol = Solve[df[k][x]==0,x]
P[k_] = {x,f[k][x]} /. sol[[3]]
```

Solve gibt auch hier vier Lösungen zurück, von denen die richtige ausgewählt werden muss. Beachten Sie die Verwendung von = statt := bei der Definition von $P[k]$, denn die Substitution /. soll ja zur Definitionszeit ausgeführt werden.

Weiter wird die Funktion $y = g(x)$ wie oben ausgeführt berechnet und daraus ein Plot erzeugt. In MATHEMATICA kann man verschiedene Teile eines Plot separat erzeugen und dann mit Show zusammenführen.

```
s1 = Solve[x==P[k][[1]],k]
g[x_] = P[k][[2]] /. s1[[1]]
l = Table[f[k][x],{k,.1,.5,.1}]
pts = Table[P[k],{k,.1,.5,.1}]
p1:=Plot[{l,g[x]},{x,0,3.5}]
p2:=Graphics[{PointSize[Large],Blue,Point[pts]}]
Show[p1,p2]
```

c) Wie im Lösungsplan angegeben stellen wir zunächst die Tangentengleichung $y = t_k(x) = f'_k(1)(x-1) + f_k(1)$ auf. Das Ergebnis der direkten Eingabe df(k,1)*(x-1)+f(k,1) ist nicht zufriedenstellend, da es nicht in der Form $y = mx + n$ vorliegt. Mit expand und collectterms kann es in die gewünschte Form gebracht werden.

```
define(t(k,x),
  collectterms(expand(df(k,1)*(x-1)+f(k,1),x)));
```

$$t(k,x) := \left(12\,k - 18\,k^2\right) e^{-k}\, x + \left(18\,k^2 - 6\,k\right) e^{-k}$$

Wir verschaffen uns zunächst einen Überblick über die geometrische Situation, indem wir f_k, t_k und den Berührpunkt $T_k(1 \mid t_k(1))$ für verschiedene k visualisieren. Wir fassen dazu die zu visualisierenden Objekte in einer Liste pl(k) zusammen und erzeugen das Bild aus Varianten von pl(k) für verschiedene Werte von k.

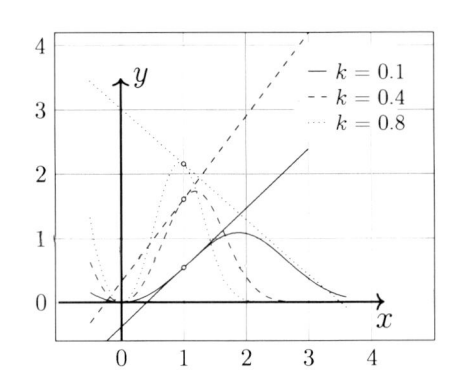

Ein solches Vorgehen hat den Vorteil, dass wir einfach mit verschiedenen Werten von k experimentieren können, bis wir ein besonders aussagekräftiges Bild erzeugt haben. Hier wieder der Code zum Bild:

```
T(k):=[1, t(k,1)];
pl(k):=[f(k,x), t(k,x), [discrete,[T(k)]]];
plot2d(append(pl(.1),pl(.4),pl(.8)), [x,-1,3.5], [y,-1,3],
  [style,lines,lines,points], [point_type,bullet],
  [color,blue,blue,red,green,green,red,cyan,cyan,red],
  [legend,false]);
```

Wir sehen, dass die Tangenten auf verschiedene Weise die Achsen schneiden. Die erste Frage ist damit schnell beantwortet – kein Dreieck entsteht genau dann, wenn die Tangente durch den Ursprung verläuft, also $t_k(0) = 0$ gilt. Aus der Gleichung lesen wir ab, dass dies genau für $18\,k^2 - 6\,k = 0$ und wegen $k > 0$ damit genau für $k = \frac{1}{3}$ der Fall ist.

Natürlich können wir uns das auch noch einmal von MAXIMA bestätigen lassen.

```
solve(t(k,0)=0,k);
```

$$\left[k = \frac{1}{3}, k = 0\right]$$

Zur Beantwortung der zweiten Frage müssen wir die Schnittpunkte $A_k(0 \mid a_k)$ und $B_k(b_k \mid 0)$ der Tangente t_k mit den Achsen bestimmen. Es gilt $a_k = t_k(0)$ und b_k ist die (eindeutige) Lösung der linearen Gleichung $t_k(x) = 0$.

```
a(k):=t(k,0);
s2:solve(t(k,x)=0,x);
define(b(k),ev(x,s2[1]));
```

$$a(k) = \left(18\,k^2 - 6\,k\right) e^{-k}$$
$$b(k) = \frac{3\,k - 1}{3\,k - 2}$$

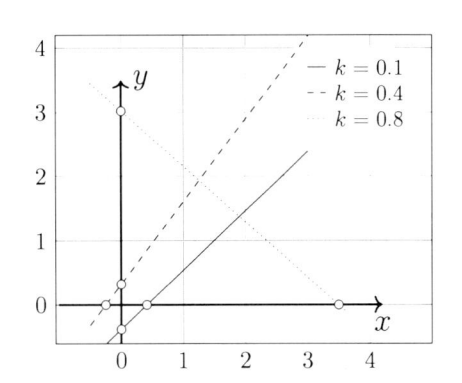

Wir haben die Situation zum besseren Verständnis wieder in einem Plot dargestellt, wobei wir analog wie oben vorgegangen sind und einen Prototyp des zu Plottenden zunächst als tl(k) vereinbart haben. Hier der Code dazu.

```
tl(k):=[t(k,x),[discrete,[[0,a(k)],[b(k),0]]]];
plot2d(append(tl(.1),tl(.4),tl(.8)),
    [x,-1,5],[y,-1,4], [style,lines,points],
    [color,blue], [point_type,bullet], [legend,false]
);
```

Das Dreieck ist u.a. dann gleichschenklig, wenn $a_k = b_k$ gilt. Wir können weiter $k = \frac{1}{3}$ ausschließen, da in diesem Fall $a_k = b_k = 0$ gilt und kein (nicht entartetes) Dreieck gebildet wird. Damit vereinfacht sich die Gleichung $a_k = b_k$ zu $6\,k\,(3\,k - 2) = e^k$ und wir können nach numerischen Näherungslösungen dieser (transzendenten) Gleichung suchen.

Mit `solve` bringt MAXIMA in dieser Frage wenig zu Wege.

`solve(a(k)=b(k),k);`

$$\left[k = \frac{1}{3}, k = \frac{2 + \sqrt{2}\sqrt{e^k + 2}}{6}, k = \frac{2 - \sqrt{2}\sqrt{e^k + 2}}{6}\right]$$

Eine Antwort, in welcher der Parameter k, nach dem aufzulösen ist, weiterhin auf beiden Seiten der Gleichung vorhanden ist, kann schlecht als explizite Lösung durchgehen. Das ist hier auch durchaus gerechtfertigt, da die Lösungen dieser Gleichung nicht in elementaren Funktionen angeschrieben werden können. Damit ist natürlich unser sportlicher Ehrgeiz geweckt und wir fragen nicht nur nach *einer* numerischen Lösung, sondern wollen uns einen genauen Überblick über *alle* Lösungen der Gleichung $6k(3k-2) = e^k$ verschaffen. Wir studieren dazu die Frage nach den Nullstellen der Funktion $h(k) = e^k - 6k(3k-2)$.

Ein Plot mit richtig adjustierten k- und y-Bereichen legt nahe, dass $h(k)$ zwei Nullstellen bei $k \approx 0.7$ und $k \approx 6.5$ hat, die sich mit `find_root` dann auch schnell finden lassen.

```
h(k):=exp(k)-6*k*(3*k-2);
plot2d(h(k),[k,0,10],[y,-300,100]);
k1:find_root(h(k),k,0,1);
k2:find_root(h(k),k,6,7);
```

$$k_1 = 0.8204784404122535, k_2 = 6.538125334523052 \tag{1}$$

Die aufmerksame Leserin wird an dieser Stelle einwenden, dass ein Bild zwar mehr sagt als tausend Worte, dies aber kaum etwas mit mathematisch exakter Argumentation zu tun habe. Derartige Stimmen lassen sich leicht entkräften, wenn noch die Ableitung $h'(k)$ zu Rate gezogen wird.

```
define(dh(k),diff(h(k),k));
plot2d(dh(k),[k,0,10],[y,-300,100]);
```

Der Plot zeigt, wo $h'(k)$ positiv, also $h(k)$ monoton steigend, und wo $h'(k)$ negativ, also $h(k)$ monoton fallend ist. Das untermauert die aus dem Bild abgeleitete Argumentation, dass x_1 und x_2 die einzigen Nullstellen der Funktion

$h(k), k > 0$ sind. Wir könnten natürlich auch noch weitere mathematisch-deduktive Argumente nachlegen, wollen es aber hier (und an anderen Stellen dieses Buches) mit dieser „Ingenieurinnen-Lösung" bewenden lassen.

Die aufmerksame Leserin wird weiter einwenden, dass aber nur die Lösungen gefunden seien, wo a_k und b_k gleiches Vorzeichen haben, während im Bild oben deutlich zu sehen ist, dass es auch den Fall entgegengesetzter Vorzeichen gibt. Das ist ein ernsthafter Einwand. Wir müssen auch noch den Fall $a_k = -b_k$ und dazu die Funktion $h_1(k) = e^k + 6\,k\,(3\,k - 2)$ untersuchen.

```
h1(k):=exp(k)+6*k*(3*k-2);
plot2d(h1(k),[k,0,1],[y,-3,10]);
```

Wir sehen am Bild, dass h_1 zwei weitere Nullstellen bei $k \approx 0.1$ und $k \approx 0.48$ hat, die sich mit find_root dann auch schnell finden lassen.

$$k_3 = 0.1120445139050264, k_4 = 0.4795245623292513$$

Die Probe

```
map(lambda([i],ev(a(k)=b(k),k=i)),[k1,k2,k3,k4]);
```

$$[3.167 = 3.167, 1.056 = 1.056, -0.398 = 0.398, 0.781 = -0.781]$$

zeigt, dass wir gut unterwegs waren. Alle Werte stimmen bis auf das Vorzeichen überein.

Auch hier am Ende ein Blick auf MATHEMATICA (Fortsetzung von oben). Wir erzeugen zunächst den Plot, indem wir wieder einzelne Teile des Bildes separat erzeugen und dann mit Show zusammensetzen. pl[k] ist dabei eine Funktion, die den Plot der Funktionen {f[k],t[k]} in Abhängigkeit von k erzeugt. Bei der Konstruktion von p1 wird diese Funktion von Map mit drei verschiedenen Parametern aufgerufen. Map ist in seiner Infixform /@ angeschrieben. Auf gleiche Weise werden in p2 die drei Punkte erzeugt.

```
t[k_][x_] = Collect[df[k][1]*(x-1)+f[k][1] ,x]
T[k_] = {1,t[k][1]}
pl[k_] := Plot[{f[k][x],t[k][x]},{x,-1,3.5}]
p1:=pl /@ {.1,.4,.8}
p2:=Graphics[{PointSize[Large],Blue,Point[(T /@ {.1,.4,.8})]}]
Show[p1,p2]
```

Mit der Gleichung $a_k = b_k$ hat auch MATHEMATICA seine Schwierigkeiten.

```
a[k_] := t[k][0]
b[k_] = x /. Solve[t[k][x]==0,x][[1]]
```

`Solve[a[k]==b[k],k]` bringt außer der Lösung $k \to \frac{1}{3}$ und einem Hinweis „Inverse functions are being used [...] so some solutions may not be found; use Reduce for complete solution information." nichts Verwertbares. Reduce teilt mit „This system cannot be solved with the methods available to Reduce."

Interessanterweise präsentiert `Solve[a[k]==b[k],k,Reals]` neben der uns bereits bekannten Lösung $k \to \frac{1}{3}$ drei weitere Lösungen, die etwa die folgende Form haben:

$$k \to \text{Root}\left[\left\{e^{\#1} - 12\,\#1 + 18\,\#1^2\ \&, -0.070271319073124552688\right\}\right]$$

Wir erkennen, dass der erste Parameter im Root-Ausdruck genau unsere Funktion $h(k)$ ist, die Antwort also lautet „Diejenige Lösung von $h(k) = 0$, die in der Nähe von $k = -0.07027$ liegt". Eine numerische Auswertung findet für $a_k = b_k, k \in \mathbb{R}$, die vier Lösungen

$$\{\{k \to -0.0702713\}, \{k \to 0.333333\}, \{k \to 0.820478\}, \{k \to 6.53813\}\}$$

und für $a_k = -b_k, k \in \mathbb{R}$, die drei Lösungen

$$\{\{k \to 0.112045\}, \{k \to 0.333333\}, \{k \to 0.479525\}\}.$$

d) Das prinzipielle Vorgehen hatten wir bereits besprochen. Die Stammfunktion $F_k(x) = -2\,e^{-k\,x^3}$ und daraus die Formel

$$I_k(c) = F_k(c) - F_k(0) = 2 - 2\,e^{-k\,c^3}$$

für den gesuchten Flächeninhalt sind schnell berechnet.

```
define(F(k,x),integrate(f(k,x),x));
define(I(k,c),F(k,c)-F(k,0));
```

solve liefert für $I_k(c) = 1$ die reelle Lösung $c(k) = \left(\frac{\log(2)}{k}\right)^{1/3}$, für $c \to \infty$ ergibt sich der Grenzwert 2.

```
solve(I(k,c)=1,c);
limit(I(k,c),c,inf);
```

e+f) Die Erkundung der im letzten Aufgabenteil gegebenen geometrischen Situation stellt noch einmal eine Herausforderung dar. Wir setzen zur Abkürzung $g(x) = f\left(\frac{1}{12}, x\right)$.

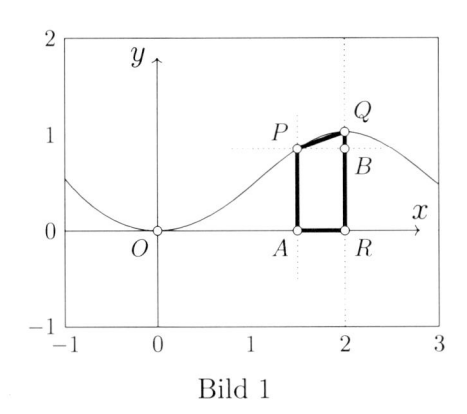

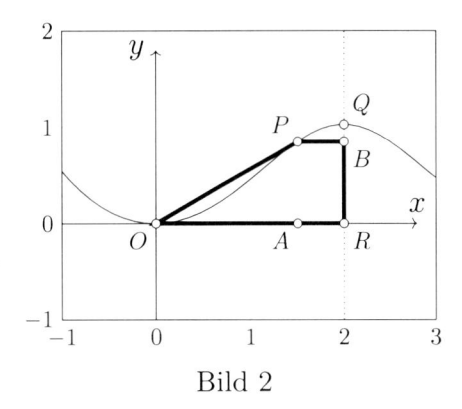

Bild 1

Bild 2

Zwei Richtungen (Abszisse, Gerade $x = 2$) der Trapezseiten sind vorgegeben, so dass die parallelen Trapezseiten entweder parallel zur x- oder zur y-Achse verlaufen müssen. Bild 1 veranschaulicht die gegebenen Stücke für $u = 1.5$. Zusätzlich eingezeichnet sind Parallelen durch P zur x- und zur y-Achse sowie deren Schnittpunkte A und B mit den bereits bekannten Trapezseiten.

Das eine Trapez hat die Ecken P, A, R und als vierte Ecke den Punkt auf dem Graphen von g mit $x = 2$, also den Punkt $Q(2 \mid g(2))$ (Bild 1). Das andere Trapez hat die Ecken P, B, R und als vierte Ecke einen Punkt auf dem Graphen von g mit $y = 0$, also den Ursprung $O(0 \mid 0)$ (Bild 2). Damit ist der erste Teil der Aufgabe schon konzeptionell erledigt und muss nur noch angeschrieben werden.

```
f(k,x):=6*k*x^2*exp(-k*x^3);
g(x):=f(1/12,x);
O:[0,0];R:[2,0];Q:[2,g(2)];
P(u):=[u,g(u)];A(u):=[u,0];B(u):=[2,g(u)];
plot2d(
    [g(x),[parametric,2,t,[t,-1,2]],
        [discrete,[O,R,P(1.5),P(1.5),O]],
        [discrete,[A(1.5),R,Q,P(1.5),A(1.5)]] ],
    [x,-1,3],[y,-1,2],[style,lines,lines,lines,lines],
    [color,blue,blue,green,red],[point_type,bullet],
    [legend,false]);
```

Für die beiden Flächeninhalte der Trapeze ergibt sich nach der einschlägigen Formel

```
T1(u):=1/2*(g(u)+g(2))*(2-u);   /* Bild 1 */
T2(u):=1/2*(4-u)*g(u);           /* Bild 2 */
```

Wir bilden wieder die Differenzfunktion $h(u)$, schauen uns deren Plot an und bestimmen die Näherungslösung u_1 mit find_root. Der Plot legt nahe, dass $h(u)$ für $0 < u < 2$ monoton fällt und damit genau eine Nullstelle hat.

```
h(u):=T1(u)-T2(u);
plot2d(h(u),[u,0,2]);
u1:find_root(h(u),u,.8,1.2);
```

$$u_1 = 1.040354758204478$$

In vereinfachter Form erhalten wir $h(u) = (2-u)\,\mathrm{e}^{-2/3} - \frac{u^2}{2}\,\mathrm{e}^{-u^3/12}$.

Die Dynamik der beiden Trapeze legt weiter nahe, dass $T_1(u)$ monoton fällt und $T_2(u)$ monoton wächst. Ein direkter Vergleich der beiden Graphen $T_1(u)$ und $T_2(u)$ zeigt aber, dass dies für $T_2(u)$ in der Nähe von $u = 2$ nicht stimmt.

```
plot2d([T1(u),T2(u)],[u,0,2],
   [legend,false]);
```

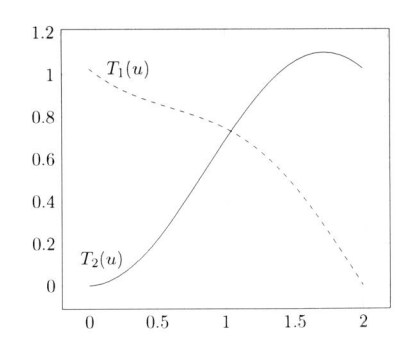

Leistungskurs Mathematik, Geometrie 59

Teil B. Geometrie/Algebra

Vorbemerkungen

Wie bereits im Kapitel 1 genauer ausgeführt ist die Differenz zwischen den von einer durchschnittlichen Abiturientin zu erwartenden Kenntnissen und den in Pluskursen zusätzlich vermittelten Inhalten in der Geometrie besonders groß. Während sich etwa in der Analysis die Leerstellen in der Vermittlung von Kenntnissen zu einfachen Klassen elementarer Funktionen durch Weglassen entsprechender Aufgaben[17] in den Abiturklausuren kaum auswirken, kann mit entsprechenden fortgeschrittenen Argumentationen eine Geometrieaufgabe leicht bewältigt werden, während mit den vorausgesetzten Abiturkenntnissen ein deutlich höherer Aufwand zu treiben ist. In den folgenden Ausführungen werden wir *beide* Perspektiven berücksichtigen.

Andererseits werden wir nur wenig auf die Visualisierungsmöglichkeiten von MAXIMA zurückgreifen, die gerade für dreidimensionale Zusammenhänge nur rudimentär vorhanden sind, um auch Geometrie als etwas sprachlich Erschließbares darzustellen. Die Bilder, die den Text begleiten, lassen sich leicht mit einem DGS wie etwa *GeoGebra* [2] erzeugen, und ich empfehle, für ein besseres Verständnis ein solches Hilfsmittel ergänzend hinzuzuziehen.

In der analytischen Geometrie der Abiturstufe spielt die Darstellung durch Koordinaten im Raum eine zentrale Rolle. Es sind verschiedene Klassen geometrischer Objekte (Punkte, Geraden, Ebenen, Winkel, ...) zu unterscheiden, die auf verschiedene Weise dargestellt werden. So wird ein Punkt P durch seine drei Koordinaten $P(p_x \mid p_y \mid p_z)$ beschrieben[18], die Ebene e mit der Gleichung $e_1 x + e_2 y + e_3 z + e_4 = 0$ dagegen durch die vier Parameter (e_1, e_2, e_3, e_4). Geraden im Raum lassen sich einmal durch zwei Gleichungen als Schnittgerade zweier Ebenen darstellen, zum anderen durch eine Punktrichtungsgleichung. Bis auf die Koordinaten von Punkten sind alle diese Darstellungen nicht eindeutig – so beschreiben etwa zueinander proportionale Quadrupel (e_1, e_2, e_3, e_4) dieselbe Ebene e.

---

[17]„Außerdem können zur Bearbeitung einer Poolaufgabe grundlegende Kenntnisse, Fähigkeiten und Fertigkeiten zu einfachen Wurzelfunktionen, einfachen Logarithmusfunktionen und einfachen gebrochen-rationalen Funktionen erforderlich sein. Diese Funktionstypen bilden aber nicht den Schwerpunkt einer Poolaufgabe". [1]

[18]Ich verwende im Fließtext in der Regel diese Koordinatennotation für Punkte aus dem sächsischen Abitur.

In einer klassischen Programmiersprache wie etwa Java wären für die einzelnen Klassen geometrischer Objekte entsprechende Typklassen zu vereinbaren, um geometrische Rechnungen auszuführen, und so sind DGS wie *GeoGebra* intern auch aufgebaut. Im symbolischen Rechnen kann analog mit Funktionsausdrücken wie Punkt(x,y,z) gearbeitet werden, wobei der Funktionsname Punkt hier als (syntaktische) Typbezeichnung verwendet wird. Ein solcher Zugang ist im *GeoProver* [5] umgesetzt und in meinem Skript *Geometrie mit dem Computer* [7] genauer erläutert. Davon werde ich im Weiteren aber keinen Gebrauch machen.

> **Merksatz 23:**
>
> Wir werden im Weiteren mit einer einfacheren Notation arbeiten und einen Punkt $P(p_x \mid p_y \mid p_z)$ als Liste $[p_x, p_y, p_z]$ anschreiben. Die gleiche Notation werden wir für Vektoren verwenden und überhaupt Punkte mit ihren Ortsvektoren identifizieren. Wir nutzen dabei eine Eigenheit (nicht nur) von MAXIMA, das intern Listen als Vektoren interpretiert und Summen sowie skalare Vielfache entsprechend von sich aus berechnet.

In MAXIMA gibt es auch Matrizen und (Spalten)-Vektoren als einspaltige Matrizen, die – anders als zum Beispiel in MATHEMATICA – von Listen und ähnlichen Strukturen genau zu unterscheiden sind. Darauf kommen wir gesondert am Ende dieses Abschnitts zu sprechen.

B.1 Die Aufgabenstellung

In einem kartesischen Koordinatensystem liegen die Punkte $A(-8 \mid 9 \mid 1)$, $B(-4 \mid 2 \mid -3)$ und $C(4 \mid 6 \mid z_c)$ in einer Ebene. Für jeden Wert k ($k \in \mathbb{R}$) liegt der Punkt $D_k(8 + 16\,k \mid -1 - 10\,k \mid -6 - 7\,k)$ ebenfalls in dieser Ebene. Es gibt Werte k, für die das Viereck $ABCD_k$ Grundfläche eines vierseitigen, geraden Prismas mit dem Viereck $EFGH$ als Deckfläche ist. Die Strecke BF ist eine Kante des Prismas. Sie verläuft parallel zum Vektor $\vec{a} = [1, -4, 8]$.

   a) Ermitteln Sie eine Gleichung der Ebene, in der die Grundfläche des Prismas liegt. Zeigen Sie, dass gilt: $z_c = -2$.

Leistungskurs Mathematik, Geometrie 61

Der Punkt C besitzt die Koordinaten $C(4 \mid 6 \mid -2)$.

b) Alle Punkte D_k liegen auf einer Geraden g. Geben Sie eine Gleichung von g an.

Weisen Sie nach, dass folgende Aussage wahr ist: „Es gibt genau zwei Werte für k, für die der Punkt D_k nicht der vierte Eckpunkt der Grundfläche des Prismas sein kann."

Geben Sie einen derartigen Wert für k an.

c) Ermitteln Sie Näherungswerte für diejenigen Werte für k, für die die Strecken BD_k und CD_k orthogonal zueinander verlaufen.

d) Bestimmen Sie die Koordinaten eines Punktes F so, dass die Höhe des Prismas 3 beträgt.

Es existiert genau ein Wert für k, für den die Größe des Winkels $\sphericalangle BFD_k$ minimal ist. Beschreiben Sie ein Verfahren, um diesen Wert für k zu ermitteln.

B.2 Basiswissen

- Die Gleichung der Ebene e mit einem Normalenvektor $\vec{n}$ durch einen Punkt A ergibt sich als $(X - A) . \vec{n} = 0$, wobei . für das Skalarprodukt steht: X liegt genau dann in e, wenn der Vektor $\vec{AX} = X - A$ senkrecht auf dem Normalenvektor steht.

- Eine Gerade g durch den Punkt A mit dem Richtungsvektor $\vec{b}$ wird durch die Punktrichtungsgleichung $X = A + t\vec{b}$ beschrieben. Für die verschiedenen Werte von $t \in \mathbb{R}$ ergeben sich die verschiedenen Punkte $X \in g$.

- Für das Skalarprodukt gilt

$$\vec{a} . \vec{b} = \left|\vec{a}\right| \cdot \left|\vec{b}\right| \cdot \cos\left(\sphericalangle\left(\vec{a}, \vec{b}\right)\right).$$

B.3 Lösungsplan

a) Da es sich um ein gerades Prisma handelt, steht der Vektor $\vec{a}$ senkrecht auf der Grundfläche des Prismas. Damit ergibt sich aus $(X - A) \cdot \vec{a} = 0$ unmittelbar die Gleichung für die Ebene e, in welcher die Grundfläche $ABCD_k$ liegt.

Durch Einsetzen der Punkte B und C in die Ebenengleichung prüfen wir $B \in e$ bzw. bestimmen z_c so, dass $C \in e$ gilt. Ebenso verfahren wir mit D_k.

b) Die Punktrichtungsgleichung der Geraden ergibt sich unmittelbar aus der Zerlegung

$$D_k = [8, -1, -6] + [16, -10, -7] \cdot k = D_0 + k \cdot \vec{b}$$

mit $\vec{b} = [16, -10, -7]$.

$ABCD_k$ ist dann keine Grundfläche eines *vierseitigen* Prismas, wenn D_k auf dem Rand des Dreiecks ABC liegt.

c) Orthogonalität kann über das Skalarprodukt untersucht werden.

d) Die Deckfläche des Prismas ergibt sich durch Parallelverschiebung von $ABCD_k$ um ein Vielfaches des Vektors $\vec{a}$, das die Länge 3 hat.

Der zu untersuchende Winkel $\sphericalangle BFD_k$ kann wiederum über das Skalarprodukt bestimmt werden.

B.4 Umsetzung

a) Im Lösungsplan ist das Vorgehen bereits detailliert beschrieben, es muss nur noch umgesetzt werden.

Wir führen die Punkte A, B, C und den Vektor $\vec{a}$ ein, weiterhin einen „allgemeinen" Punkt $X(x, y, z)$ sowie die Punkteschar D_k als einstellige Funktion in der im Lösungsplan beschriebenen Form.

```
A:[-8,9,1]; B:[-4,2,-3];
C:[4,6,zc]; X:[x,y,z]
D(k):=[8,-1,-6]+[16,-10,-7]*k;
a:[1,-4,8];
```

Dies ist die gesuchte Gleichung der Ebene e. Mit dem Infixoperator . wird in MAXIMA das Skalarprodukt angeschrieben.

```
e:expand((X-A).a);
```
$$8z - 4y + x + 36 = 0$$

Diese Rechnungen zeigen, dass B und D_k für alle k sowie C genau für $z_c = -2$ in der Ebene e liegen.

```
expand((B-A).a);
```
$$0$$

```
expand((C-A).a);
```
$$8z_c + 16$$

```
expand((D(k)-A).a);
```
$$0$$

Anmerkung: In unserer Lösung haben wir intensiv den Vektor $\vec{a}$ bemüht. Allerdings hätten wir den gar nicht benötigt, denn eine Ebene ist durch drei nicht kollineare Punkte eindeutig bestimmt. Wir hätten also etwa die Punkte B, D_0 und D_1 verwenden können, um die Ebenengleichung zu bestimmen. Dazu hätten wir in die allgemeine Ebenengleichung $e : e_1 x + e_2 y + e_3 z + e_4 = 0$ nur die Koordinaten der drei Punkte einsetzen müssen und das so entstehende lineare Gleichungssystem nach $(e_1, \ldots, e_4)$ auflösen. Wir definieren dazu die Funktion

```
onplane(P,e):=ev(e,x=P[1],y=P[2],z=P[3]);
```

welche die Koordinaten des Punkts P in die Ebenenformel einsetzt. Liegt P auf e, so erhalten wir als Ergebnis null, aber auch für andere Punkte P hat der Rückgabewert eine geometrische Bedeutung. Für unseren zweiten Lösungsplan stellen wir nun das besprochene lineare Gleichungssystem auf und lösen es. Beachten Sie, dass sich dabei die Variablen $e_1, \ldots, e_4$ sowie x, y, z im Symbolmodus befinden müssen.

```
e:e1*x+e2*y+e3*z+e4;
sys:[onplane(B,e),onplane(D(0),e),onplane(D(1),e)];
sol:solve(sys,[e1,e2,e3,e4]);
```

$$[e_4 + e_3 + 9\,e_2 - 8\,e_1, e_4 - 6\,e_3 - e_2 + 8\,e_1, e_4 - 13\,e_3 - 11\,e_2 + 24\,e_1]$$

$$\left[\left[e_1 = \frac{\%r_1}{36}, e_2 = -\frac{\%r_1}{9}, e_3 = \frac{2\,\%r_1}{9}, e_4 = \%r_1\right]\right]$$

Wir sehen zunächst, dass `solve` statt mit Gleichungen auch mit einfachen Ausdrücken A etwas anfangen kann und in diesem Fall die Aufgabe $A = 0$ löst. Wie bei einer Ebenengleichung zu erwarten, erhalten wir eine einparametrige Lösungsschar, die MAXIMA mit einem selbst erzeugten Symbol anschreibt. Eine besonders nette nennerfreie Lösung erhalten wir für $\%r_1 = e_4 = 36$, deshalb ergänzen wir unser Gleichungssystem um diese Zusatzbedingung und setzen zum Schluss gleich das nun eindeutige Ergebnis in unsere allgemeine Ebenengleichung ein.

```
sys:[onplane(B,e),onplane(D(0),e),onplane(D(1),e),e4=36];
sol:solve(sys,[e1,e2,e3,e4]);
e0:ev(e,sol[1]);
```

$$8\,z - 4\,y + x + 36$$

Beachten Sie die Verwendung des Substitutionsoperators `ev` zur Definition von e0, um den Modus der Variablen $e_1, \ldots, e_4$ global nicht zu verändern.

Wir erhalten dasselbe Ergebnis wie oben und können nun mit `online(A,e0)` prüfen, dass A ebenfalls in dieser Ebene liegt, sowie für C wieder z_c berechnen. Da D_0 und D_1 nach Konstruktion in der Ebene liegen, gilt das auch für alle anderen Punkte D_k auf dieser Geraden.

Schließlich können wir auch einen Normalenvektor zu dieser Ebene bestimmen. Dies ist ein Vektor, der auf zwei linear unabhängigen Vektoren in der Ebene, etwa $\overrightarrow{BD_0} = D_0 - B$ und $\overrightarrow{BD_1} = D_1 - B$, senkrecht steht. Klassisch kann ein solcher Vektor mit dem *Vektorprodukt* bestimmt werden. MAXIMA kennt zwar ein Vektorprodukt, aber dieses ist in einem Paket versteckt und erfordert außerdem eine spezifische Funktionsnotation. Stattdessen können wir

Leistungskurs Mathematik, Geometrie 65

selbst das Vektorprodukt zweier Vektoren im $\mathbb{R}^3$ aus der einschlägigen Formel definieren und haben es damit für zukünftige Anwendungen zur Hand.

```
cross(a,b):=[a[2]*b[3]-a[3]*b[2], a[3]*b[1]-a[1]*b[3],
    a[1]*b[2]-a[2]*b[1]];
```

Der so berechnete Normalenvektor ist gerade $-9 \cdot \vec{a}$. Die Angabe des Normalenvektors in der Aufgabenstellung ist also redundant.

```
cross(D(0)-B,D(1)-B);
```
$$[-9, 36, -72]$$

Statt des Vektorprodukts, das im Schulcurriculum nicht mehr verpflichtend vorkommt, hätten wir den Normalenvektor auch mit unbestimmten Koordinaten $n = [n_1, n_2, n_3]$ ansetzen, die Orthogonalitätsbedingung über das Skalarprodukt anschreiben und ein entsprechendes lineares Gleichungssystem lösen können.

Das Ergebnis ist wiederum nur eindeutig bis auf einen skalaren Faktor, so dass wir zusätzlich $n_1 = 1$ gesetzt haben. Als Ergebnis erhalten wir genau unseren Vektor $\vec{a}$.

```
n:[n1,n2,n3];
sys:[(D(0)-B).n,(D(1)-B).n,
    n1=1];
sol:solve(sys,n);
n0:ev(n,sol[1]);
```
$$[1, -4, 8]$$

b) Die Frage nach der Gleichung der Geraden g, auf der die Punkte D_k liegen, haben wir bereits oben beantwortet. Bleibt die Frage, für welche k das Viereck $ABCD_k$ nicht als Grundfläche eines Prismas durchgeht.

Vielleicht haben Sie die obigen Rechnungen statt mit B auch einmal mit dem Eckpunkt A ausprobiert und festgestellt, dass sich in diesem Fall eine *zweiparametrige* Lösungsschar ergibt, es also *mehrere* Ebenen gibt, in denen die Punkte A, D_0 und D_1 liegen. Das kann nur dann der Fall sein, wenn diese drei Punkte auf einer Geraden liegen, wenn also A einer der Punkte D_k ist. Mit `solve(D(k)-A,k)` bekommen wir schnell heraus, dass dies für $k = -1$ in der Tat der Fall ist: $A = D_{-1}$.

Die Gerade g verläuft also durch den Eckpunkt A des Dreiecks ABC und muss deshalb die Gerade $h = BC$ schneiden oder parallel zu jener liegen.

Die Aufgabe, für welche k der Punkt D_k auf der Geraden h liegt, können wir lösen, indem wir D_k in die Punktrichtungsgleichung

$$h : X = C + t\,(C - B)$$

der Geraden h einsetzen und die entstehende Vektorgleichung lösen.
Wir finden auf diese Weise heraus, dass D_k für $k = -\frac{1}{2}$ der Mittelpunkt der Strecke $\overline{BC}$ ist.

```
C:[4,6,-2];
sys:D(k)=(C+t*(B-C));
```

$$[16\,k + 8, -10\,k - 1, -7\,k - 6]$$
$$= [4 - 8\,t, 6 - 4\,t, -t - 2]$$

```
sol:solve(sys,[k,t]);
```

$$\left[\left[k = -\frac{1}{2},\, t = \frac{1}{2}\right]\right]$$

So etwa haben sich möglicherweise die Autoren der Aufgabe die Lösung auch gedacht. Sie werden natürlich zu Recht einwenden, dass dies viel Mystik und wenig Systematik sei. Schauen wir uns deshalb auch hier einen Plot an. Da räumliche Darstellungen in zweidimensionalen Bildern oft schwierig zu interpretieren sind, wollen wir die Lagesituation zwischen dem Dreieck ABC und der Geraden g in einem zweidimensionalen Bild veranschaulichen.

Wir projizieren dazu die Ebene e senkrecht auf die x-y-Ebene e', indem wir die dritte Koordinate einfach weglassen. Bei einer solchen senkrechten Parallelprojektion bleiben Inzidenzen und (nach Strahlensatz) auch Teilverhältnisse erhalten.

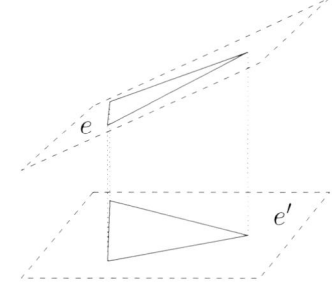

```
project(u):=[u[1],u[2]];
Dreieck:map(project,[A,B,C,A]);
dkline:makelist(project(D(k)),k,-2,2);
plot2d([[discrete,Dreieck], [discrete, dkline]],
    [x,-10,6],[y,0,10],[same_xy,true][legend,false]
);
```

Die Projektion haben wir durch eine Funktion `project` angeschrieben, die wir auf die Eckpunkte des Dreiecks ABC sowie einige Punkte auf der Geraden g

Leistungskurs Mathematik, Geometrie

anwenden. Da `plot2d` in der Standardeinstellung `[style, line]` die Punkte verbindet, erhalten wir das gewünschte Bild.

Wir erkennen im Bild die oben beschriebene Situation: Die Projektion g' verläuft durch $A' = D'_{-1}$ und den Mittelpunkt $M' = D'_{-\frac{1}{2}}$ der Strecke $B'C'$. Damit gilt das auch für die Originale.

Beachten Sie, dass das Bild nicht verzerrt wird, wenn auf den Achsen die Einheiten gleiche Länge haben. Das kann durch die Option `same_xy` erreicht werden.

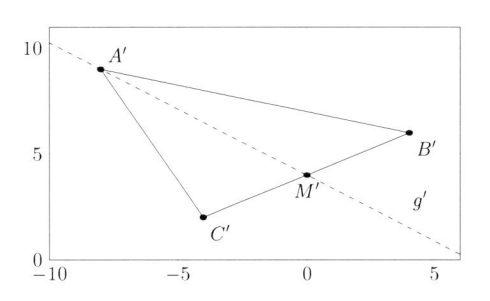

Für die (Projektion der) Grundfläche $ABCD_k$ sind damit drei qualitativ verschiedene Situationen zu unterscheiden:

- Für $k < -1$ liegt D_k jenseits von A und $ABCD_k$ ist ein Viereck mit einem überstumpfen Winkel (Bild 1).

- Für $-1 < k < -\frac{1}{2}$ liegt D_k zwischen A und M und $ABCD_k$ ist ebenfalls ein Viereck mit einem überstumpfen Winkel (Bild 2).

- Für $k > -\frac{1}{2}$ liegt D_k jenseits von M und $ABCD_k$ ist ein überschlagenes Viereck (Bild 3).

```
define(Viereck(k),map(project,[A,B,C,D(k),A]));
plot2d([discrete,Viereck(-1.2)],
  [x,-12,10],[y,-0,12],[color,blue],[legend,false]);
```

Mit diesem Code und den Parametern $k = -1.2$, $k = -0.8$ und $k = -0.2$ lassen sich Bilder aller drei Situationen erzeugen.

Bild 1   Bild 2   Bild 3

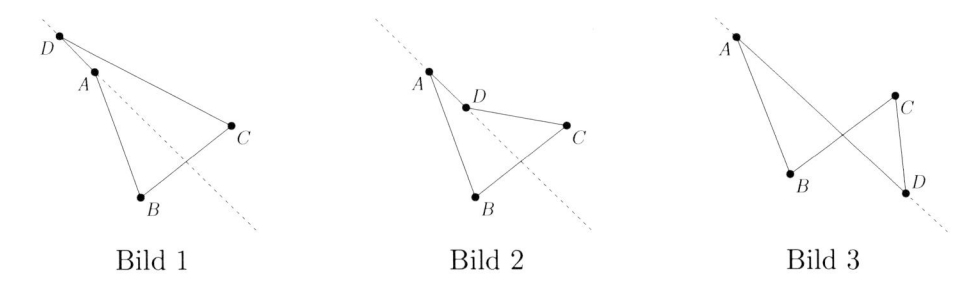

Man kann natürlich verschiedener Meinung darüber sein, ob ein überschlagenes Viereck wie im Bild 3 als Grundfläche eines Prismas dienen kann. Es sind also auch andere Antworten denkbar als jene, die ich oben den Autoren zugeschrieben habe.

c) Zwei Vektoren stehen senkrecht aufeinander, wenn deren Skalarprodukt gleich null ist. Die gesuchten Werte für k ergeben sich also aus der Bedingung $\overrightarrow{BD_k} \cdot \overrightarrow{CD_k} = 0$.

```
eqn:expand((D(k)-B).(D(k)-C));
sol:solve(eqn,k);
float(sol);
```

$$405\,k^2 + 405\,k + 81 = 0$$

$$\left[k = -\frac{5+\sqrt{5}}{10},\, k = \frac{\sqrt{5}-5}{10}\right]$$

$$[k = -0.723606797749979,\, k = -0.276393202250021]$$

Die Situation lässt sich auch elementargeometrisch einfach beschreiben: Die beiden Lösungen sind die Schnittpunkte der Geraden g mit dem Thaleskreis über dem Durchmesser $\overline{BC}$ in der Ebene e. Dafür ist es ohne Bedeutung, dass g auch noch zufällig durch den Mittelpunkt M dieses Thaleskreises verläuft.

d) Wie im Lösungsplan schon aufgezeigt, gilt $F = B \pm c \cdot \overrightarrow{a}$, wobei $c > 0$ so zu wählen ist, dass $c \cdot \overrightarrow{a}$ die Länge 3 hat. Auch ohne CAS rechnet man schnell aus, dass $\left|\overrightarrow{a}\right| = \sqrt{1 + (-4)^2 + 16^2} = \sqrt{81} = 9$ gilt, also $c = \frac{1}{3}$ zu wählen ist. Für die beiden Punkte ergibt sich $F_1 = \left(-\frac{11}{3} \mid \frac{2}{3} \mid -\frac{1}{3}\right)$ und $F_2 = \left(-\frac{13}{3} \mid \frac{10}{3} \mid -\frac{17}{3}\right)$.

Leistungskurs Mathematik, Geometrie

Da F_1 und F_2 spiegelbildlich bzgl. der Ebene e liegen, können wir uns für den letzten Teil der Aufgabe auf $F = F_1$ beschränken. Die Größe α_k des zu untersuchenden Winkels $\sphericalangle BFD_k$ kann aus der folgenden Beziehung bestimmt werden:

$$\overrightarrow{FB} \cdot \overrightarrow{FD_k} = \left|\overrightarrow{FB}\right| \cdot \left|\overrightarrow{FD_k}\right| \cdot \cos(\alpha_k).$$

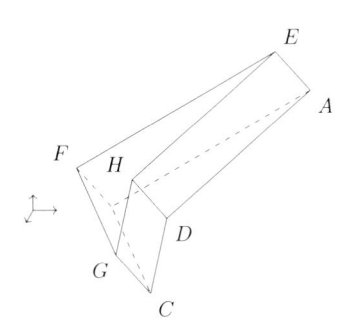

Um dies anzuschreiben, brauchen wir noch die Formel für die Länge eines Vektors, die hier als Funktion `len` vereinbart ist.

```
F:B+1/3*a;
len(a):=sqrt(a[1]^2+a[2]^2+a[3]^2);
u:(B-F).(D(k)-F)/(len(B-F)*len(D(k)-F));
ratsimp(u);
```

$$\cos(\alpha_k) = \frac{3}{405\,k^2 + 486\,k + 171}$$

u ist hier ein Bezeichner im Wertmodus, in dessen Wert der Bezeichner k im Symbolmodus auftritt. Wir hätten dies alternativ auch wieder als funktionalen Zusammenhang anschreiben können.

α_k wird möglichst klein, wenn $\cos(\alpha_k)$ möglichst groß wird, wenn also

$$405\,k^2 + 486\,k + 171$$

sein Minimum erreicht.

`solve(diff(u,k),k);`

$$\left[k = -\frac{3}{5}\right]$$

Ein abschließendes Wort zur geometrischen Interpretation der Fragestellung.

Da BF unabhängig von k ist und senkrecht auf e steht, steht BF auch senkrecht auf allen Strecken $\overline{BD_k}$. Der Winkel α_k wird also genau dann am kleinsten, wenn $\overline{BD_k}$ am kürzesten wird, was genau dann der Fall ist, wenn D_k der Fußpunkt des Lots von B auf die Gerade g ist.

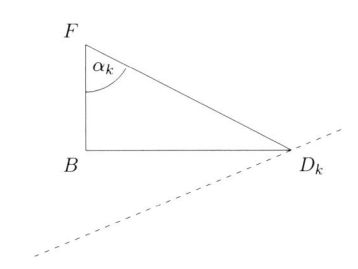

D_k ist genau dann der Fußpunkt des Lots von B auf die Gerade g, wenn $\overrightarrow{BD_k}$ senkrecht auf dem Richtungsvektor $\overrightarrow{D_0D_1}$ der Geraden g steht. Wir kommen zum selben Ergebnis wie oben.

```
eqn:(B-D(k)).(D(1)-D(0));
solve(eqn,k);
```

$$\left[k = -\frac{3}{5}\right]$$

Anmerkung: In der Parallelprojektion in die x-y-Ebene bleiben Inzidenzen und Teilverhältnisse erhalten, nicht aber Orthogonalitäten. Der Vektor $\overrightarrow{BD_k}$ steht für $k = -\frac{3}{5}$ in der Tat senkrecht auf g, nicht aber dessen Projektion auf der Projektion von g.

```
(B-D(-3/5)).(D(1)-D(0));
```

$$0$$

```
project(B-D(-3/5)).project(D(1)-D(0));
```

$$-\frac{42}{5}$$

Zur unverzerrten Visualisierung der geometrischen Situation in der Ebene e in einem zweidimensionalen Bild müssen wir dort lokale kartesische Koordinaten vereinbaren und die 3D-Koordinaten der verschiedenen Punkte auf der Ebene in diese lokalen Koordinaten umrechnen. Wir wählen dazu A als Ursprung und einen Einheitsvektor $\vec{b}$ auf der Geraden g als ersten lokalen Koordinatenvektor.

```
b:(D(1)-D(0))/len(D(1)-D(0));
```

Leistungskurs Mathematik, Geometrie

Setzen wir einen dazu orthogonalen Einheitsvektor, der $(A; \vec{b})$ zu einem kartesischen Koordinatensystem der Ebene e ergänzt, zunächst mit unbestimmten Koeffizienten $\vec{c} = [c_1, c_2, c_3]$ an, so ergeben sich für diesen die Bestimmungsgleichungen

- onplane(A+c,e) ($A + \vec{c}$ muss in der Ebene e liegen),
- b.c = 0 (die beiden Einheitsvektoren stehen senkrecht aufeinander)
- und len(c)^2 = 1 (die Länge des Vektors $\vec{c}$ ist gleich eins, das Quadrat beseitigt den Wurzelausdruck, mit dem MAXIMA selten gut zurechtkommt).

Zusammen mit den bereits früher vereinbarten Beziehungen und Berechnungsergebnissen

```
onplane(P,e):=ev(e,x=P[1],y=P[2],z=P[3]);
len(a):=sqrt(a[1]^2+a[2]^2+a[3]^2);
e0:8*z - 4*y + x + 36;
```

können wir dieses Gleichungssystem wie folgt anschreiben und lösen:

```
cg:[c1,c2,c3];
sys:[onplane(A+cg,e0),b.cg,len(cg)^2=1];
sol:solve(sys,cg);
c:ev(cg,sol[1]);
```

$$\vec{b} = \left[\frac{16}{9\sqrt{5}}, -\frac{2\sqrt{5}}{9}, -\frac{7}{9\sqrt{5}}\right], \quad \vec{c} = \left[\frac{4}{3\sqrt{5}}, \frac{\sqrt{5}}{3}, \frac{2}{3\sqrt{5}}\right]$$

Beachten Sie die Unterscheidung von cg und c. Zum Anschreiben und Lösen des Gleichungssystems müssen c_1, c_2, c_3 im Symbolmodus stehen. cg ist also ein „allgemeiner" Vektor, c der uns im Weiteren allein interessierende spezielle Vektor, der alle durch das Gleichungssystem formulierten Bedingungen erfüllt. sys hat aus naheliegenden Gründen die *zwei* Lösungen $\vec{c}$ und $-\vec{c}$, von denen wir eine ausgewählt haben.

Für jeden Punkt P der Ebene e können wir nun dessen lokale Koordinaten ausrechnen, indem wir $X = A + t_1 \cdot \vec{b} + t_2 \cdot \vec{c}$ mit Unbestimmten t_1, t_2 ansetzen und die Vektorgleichung $X = P$ nach t_1, t_2 auflösen. Eine Vektorgleichung ergibt dabei drei lineare Gleichungen für zwei Unbestimmte, aber die drei Gleichungen sind voneinander abhängig, da ja alle Punkte in der Ebene e liegen.

Beim Anschreiben dieser Rechnung muss berücksichtigt werden, dass MAXIMA im Gegensatz zu einigen anderen CAS nicht von sich aus Vektorgleichungen in Listen skalarer Gleichungen verwandelt. Dies müssen wir selbst mit einem entsprechenden map-Befehl veranlassen. first selektiert das erste und einzige Element aus der einelementige Lösungsmenge, die sol zurückgibt, zur weiteren Verarbeitung.

```
X:A+t1*b+t2*c;
lokaleKoordinaten(P):=
   ev([t1,t2],first(solve(map("=",X,P),[t1,t2])));
At:lokaleKoordinaten(A);
Bt:lokaleKoordinaten(B);
Ct:lokaleKoordinaten(C);
define(Dt(k),lokaleKoordinaten(D(k)));
```

$$A^{(l)} = [0,0], B^{(l)} = \left[\frac{18}{\sqrt{5}}, -\frac{9}{\sqrt{5}}\right], C^{(l)} = \left[\frac{27}{\sqrt{5}}, \frac{9}{\sqrt{5}}\right], D_k^{(l)} = \left[9\sqrt{5}(k+1), 0\right]$$

Nun können wir dieselben Figuren, die wir vorher in der Projektion auf die x-y-Ebene betrachtet hatten, in der Originalebene e visualisieren:

```
Dreieck:[At,Bt,Ct,At];
line:makelist(Dt(k),k,-2,2);
plot2d([[discrete, Dreieck], [discrete, line]],
   [x,-2,15],[y,-5,5],[legend,false]);
define(Viereck(k),[At,Bt,Ct,Dt(k),At]);
plot2d([discrete,Viereck(-0.8)],
   [x,-5,15],[y,-5,5],[legend,false]);
```

Die Visualisierung des Vierecks, die für $k = -0.8$ angeschrieben ist, kann auch für andere Werte von k untersucht werden. Die Gerade g ist nach Konstruktion die t_1-Achse, die im Bild markierten Punkte sind $A = D_{-1}$, $P_1 = D_{-0.8}$, $P_2 = D_{-0.6}$ und $M = D_{-0.5}$.
Wir sehen deutlich, dass $BP_2 = BD_k$ für $k = -\frac{3}{5}$ senkrecht auf g steht.

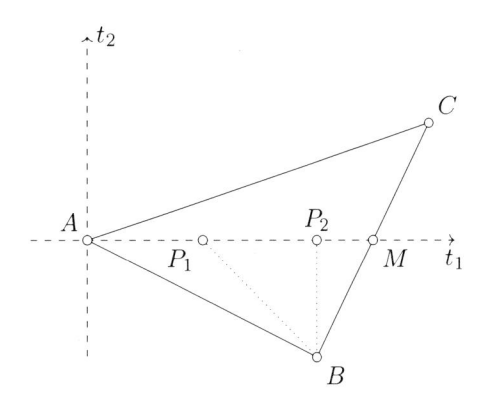

Das lokale kartesische Koordinatensystem $(A; \vec{b}, \vec{c})$ der Ebene e lässt sich durch den Vektor

```
d:cross(b,c);
```

$$\vec{d} = \left[\frac{1}{9}, -\frac{4}{9}, \frac{8}{9}\right]$$

zu einem kartesischen Koordinatensystem des $\mathbb{R}^3$ fortsetzen. Ein Punkt P mit den Komponenten $[t_1, t_2, t_3]$ im neuen Koordinatensystem liegt genau für $t_3 = 0$ in der Ebene e. Seine Komponenten $[x_1, x_2, x_3]$ im alten Koordinatensystem lassen sich aus der Formel

$$\begin{pmatrix} x_1 \\ x_2 \\ x_3 \end{pmatrix} = M \cdot \begin{pmatrix} t_1 \\ t_2 \\ t_3 \end{pmatrix} + A$$

gewinnen, wobei A als *Spaltenvektor* im alten Koordinatensystem anzuschreiben ist und M für eine dreireihige Transformationsmatrix steht, die noch näher zu bestimmen ist. Wir werden dies am Ende des folgenden Abschnitts genauer besprechen, da wir hierfür die Matrixschreibweise benötigen und diese sich in MAXIMA von der bisher verwendeten Listennotation deutlich unterscheidet.

Vektoren und Matrizen

Ansätze der linearen Algebra lassen sich auch mit Matrizen und Vektoren notieren. Wir werden in diesem Abschnitt die wichtigsten Notationen kennenlernen, die MAXIMA für entsprechende Kalküle bereithält.

Sehen wir uns die grundlegenden Begriffe, die in diesem Kontext benötigt werden, zunächst an einem Beispiel aus der ebenen Geometrie an. Der Zusammenhang zwischen den Ortsvektoren des Urbilds $P = \begin{pmatrix} p_x \\ p_y \end{pmatrix}$ und des Bilds $Q = \begin{pmatrix} q_x \\ q_y \end{pmatrix}$ einer Drehung in der Ebene um den Drehwinkel α mit dem Drehzentrum $M = \begin{pmatrix} 3 \\ 5 \end{pmatrix}$ lässt sich bekanntlich als

$$\left(\begin{pmatrix} q_x \\ q_y \end{pmatrix} - \begin{pmatrix} 3 \\ 5 \end{pmatrix} \right) = A \left(\begin{pmatrix} p_x \\ p_y \end{pmatrix} - \begin{pmatrix} 3 \\ 5 \end{pmatrix} \right)$$

mit der Drehmatrix

$$A = \begin{pmatrix} \cos(\alpha) & \sin(\alpha) \\ -\sin(\alpha) & \cos(\alpha) \end{pmatrix}$$

anschreiben. Für $\alpha = 90°$ ergibt sich

$$\left(\begin{pmatrix} q_x \\ q_y \end{pmatrix} - \begin{pmatrix} 3 \\ 5 \end{pmatrix} \right) = \begin{pmatrix} 0 & 1 \\ -1 & 0 \end{pmatrix} \cdot \left(\begin{pmatrix} p_x \\ p_y \end{pmatrix} - \begin{pmatrix} 3 \\ 5 \end{pmatrix} \right),$$

was in MAXIMA wie folgt notiert werden kann:

```
P:matrix([px],[py]);
Q:matrix([qx],[qy]);
M:matrix([3],[5]);
A:matrix([0,1],[-1,0]);

Q='A.(P-M)+M;
```

$$\begin{pmatrix} q_x \\ q_y \end{pmatrix} = A \cdot \begin{pmatrix} p_x - 3 \\ p_y - 5 \end{pmatrix} + \begin{pmatrix} 3 \\ 5 \end{pmatrix}.$$

Leistungskurs Mathematik, Geometrie 75

Hier steht der Punktoperator . für die Matrixmultiplikation[19]. Wir sehen, dass MAXIMA nicht zwischen Matrizen und Vektoren unterscheidet, sondern Vektoren als einzeilige (Zeilenvektoren) oder einspaltige (Spaltenvektoren) Matrizen darstellt. Das Quoting $'A$ wurde hier verwendet, um die Auswertung der Matrix und damit die Ausführung der Matrixmultiplikation zu verhindern, denn wir sehen am Zusammenfassen von $P - M$ zu einem Spaltenvektor, dass die entsprechenden Operationen (wie gewohnt) sofort ausgeführt werden. So liefert

```
Q=A.(P-M)+M;
```

$$\begin{pmatrix} q_x \\ q_y \end{pmatrix} = \begin{pmatrix} p_y - 2 \\ 8 - p_x \end{pmatrix}$$

eine Gleichung zweier Spaltenvektoren, aus denen sich die Transformationsregeln

$$q_x = p_y - 2, \ q_y = 8 - p_x$$

der Drehung mit Zentrum M um $90°$ unmittelbar ablesen lassen. Diese Regeln können als Matrixgleichung in die Form

$$\begin{pmatrix} q_x \\ q_y \end{pmatrix} = A \cdot \begin{pmatrix} p_x \\ p_y \end{pmatrix} + \begin{pmatrix} -2 \\ 8 \end{pmatrix}$$

gebracht werden, was zugleich die allgemeine Form einer affinen Transformation der Ebene beschreibt, wenn A eine zweireihige quadratische Matrix mit $\det(A) \neq 0$ ist. Diese teilausgewertete Darstellung lässt sich mit MAXIMA durch

```
Q='A.P+M-A.M;
```

erzeugen.

---

[19] Der Multiplikationsoperator $*$ kann dafür nicht verwendet werden, da dieser tief im Systemdesign – nicht nur in MAXIMA – als kommutativ vorausgesetzt wird.

> **Merksatz 24:**
>
> MAXIMA unterscheidet nicht zwischen Matrizen und Vektoren, sondern stellt Vektoren als einzeilige (Zeilenvektoren) oder einspaltige (Spaltenvektoren) Matrizen dar. Punkte repräsentieren wir durch deren Ortsvektoren und damit Spaltenvektoren, Ebenengleichungen durch lineare Funktionale und damit Zeilenvektoren.

Damit können wir die zur Bearbeitung der Aufgabenstellung bereits früher eingeführten Größen wie folgt anschreiben:

```
A:matrix([-8],[9],[1]);
B:matrix([-4],[2],[-3]);
C:matrix([4],[6],[zc]);
X:matrix([x],[y],[z]);
```

$$A = \begin{pmatrix} -8 \\ 9 \\ 1 \end{pmatrix}, \ B = \begin{pmatrix} -4 \\ 2 \\ -3 \end{pmatrix}, \ C = \begin{pmatrix} 4 \\ 6 \\ z_c \end{pmatrix}, \ X = \begin{pmatrix} x \\ y \\ z \end{pmatrix}.$$

An der folgenden Definition von D_k sehen wir noch einmal den Unterschied zwischen der Definition von D_k mit := und dem Aufruf – bei der Definition wird die rechte Seite nicht ausgewertet, beim Aufruf schon; die Multiplikation mit dem symbolischen Skalar k wird ebenso ausgeführt wie die komponentenweise Zusammenfassung der einzelnen Vektorkomponenten.

```
D(k):=matrix([8],[-1],[-6])+matrix([16],[-10],[-7])*k;
D(k);
```

$$D_k = \begin{pmatrix} 16 \\ -10 \\ -7 \end{pmatrix} \cdot k + \begin{pmatrix} 8 \\ -1 \\ -6 \end{pmatrix} = \begin{pmatrix} 16\,k + 8 \\ -10\,k - 1 \\ -7\,k - 6 \end{pmatrix}$$

a) Setzen wir weiter a:matrix([1,-4,8]), so können wir die Gleichung der Ebene durch A mit dem Normalenvektor $\vec{a}$ (hier als Zeilenvektor angeschrieben) als

a.(X-A);

$$8(z-1) - 4(y-9) + x + 8$$

notieren. Der Punktoperator . ist hier nicht (wie früher) das Skalarprodukt von zwei Vektoren, sondern das Matrixprodukt der einzeiligen Matrix a und der einspaltigen Matrix $(X-A)$. Nach den Regeln für die Multiplikation von Matrizen ist das Ergebnis allerdings dasselbe wie bei der Berechnung des Skalarprodukts. Eine kleine Inkonsistenz sei der Vollständigkeit halber angemerkt – das Matrixprodukt müsste eigentlich eine (1×1)-Matrix zurückliefern und keinen skalaren Wert. MAXIMA geht an dieser Stelle ziemlich intuitiv vor. Das Ergebnis kann mit **expand** in die bereits früher berechnete Ebenengleichung umgewandelt werden.

Auch die Rechnungen

a.(B-A);
solve(a.(C-A),zc);
expand(a.(D(k)-A));

führen zu den bereits früher berechneten Ergebnissen.

Ebenso lässt sich die Ebenengleichung ohne Kenntnis des Normalenvektors bestimmen, wenn wir diesen wieder als

e:matrix([e1,e2,e3]);

mit unbestimmten Koeffizienten ansetzen, wie oben das Gleichungssystem

sys:[e.(B-A)=0, e.(D(0)-A)=0, e.(D(1)-A)=0];

$$\left[-4e_3 - 7e_2 + 4e_1 = 0, \; -7e_3 - 10e_2 + 16e_1 = 0, \right.$$
$$\left. -14e_3 - 20e_2 + 32e_1 = 0 \right]$$

lösen und in die Ebenengleichung e.(X-A) einsetzen

```
sol:solve(sys,[e3,e2,e1]);
gl:ev(e.(X-A),sol[1]);
factor(gl);
```

$$\frac{\%r_1}{8}\,(36 + x - 4\,y + 8\,z) = 0.$$

Der Normalenvektor e ist nur bis auf einen skalaren Faktor eindeutig bestimmt, was sich hier im Ergebnis unmittelbar widerspiegelt. Auch auf diesem Weg erhalten wir das frühere Ergebnis.

b) Der oben besprochene einfache Ansatz

```
C:matrix([4],[6],[-2]);
sys:D(k)=(C+t*(B-C));
sol:solve(sys,[k,t]);
```

$$\begin{pmatrix} 16\,k + 8 \\ -10\,k - 1 \\ -7\,k - 6 \end{pmatrix} = \begin{pmatrix} 4 - 8\,t \\ 6 - 4\,t \\ -t - 2 \end{pmatrix}$$

ist zwar inhaltlich und syntaktisch korrekt, führt aber zu keinem Ergebnis, da MAXIMA Probleme mit Matrixgleichungen hat.

Auch der einfache Ansatz

```
sys:D(k)-(C+t*(B-C));
sol:solve(sys,[k,t]);
```

$$\begin{pmatrix} 8\,t + 16\,k + 4 \\ 4\,t - 10\,k - 7 \\ t - 7\,k - 4 \end{pmatrix} = 0$$

mit dem die Einträge in einer Matrix versammelt werden, führt zu keinem Ergebnis, da MAXIMA nicht von sich aus in der Lage ist, aus dieser einen Matrixgleichung das System von drei skalaren Gleichungen zu extrahieren und diese zu lösen. Erst die weitere Hilfestellung

```
sys:list_matrix_entries(D(k)-(C+t*(B-C)));
sol:solve(sys,[k,t]);
```

$$\left[\left[k = -\frac{1}{2},\, t = \frac{1}{2}\right]\right],$$

mit der die Matrixelemente explizit in eine Liste extrahiert werden, führt zu dem bereits früher berechneten Ergebnis.

Mit MATHEMATICA lässt sich das Ganze deutlich konsistenter anschreiben. Auch MATHEMATICA erlaubt es, Vektoren als einzeilige oder einspaltige Matrizen anzuschreiben[20]. Überdies werden Matrizen intern als Listen von Listen dargestellt, die sich mit Operatoren wie `MatrixForm` in der Ausgabe in die gewohnte Matrixnotation umwandeln lassen.

Beim Anschreiben ist überdies zu berücksichtigen, dass C und D reservierte Bezeichner sind, die nicht überschrieben werden können bzw. sollten. In der folgenden Notation verwenden wir stattdessen die Bezeichner CC und DD.

```
A={{-8},{9},{1}}; A // MatrixForm
B={{-4},{2},{-3}}; B // MatrixForm
CC={{4},{6},{zc}}; CC // MatrixForm
X={{x},{y},{z}}; X // MatrixForm
DD[k_]={{8},{-1},{-6}}+{{16},{-10},{-7}}*k; DD[k] // MatrixForm
```

$$A = \begin{pmatrix} -8 \\ 9 \\ 1 \end{pmatrix}, \ B = \begin{pmatrix} -4 \\ 2 \\ -3 \end{pmatrix}, \ CC = \begin{pmatrix} 4 \\ 6 \\ z_c \end{pmatrix}, \ X = \begin{pmatrix} x \\ y \\ z \end{pmatrix},$$

$$DD_k = \begin{pmatrix} 8 + 16\,k \\ -1 - 10\,k \\ -6 - 7\,k \end{pmatrix}$$

Auch in MATHEMATICA wird der Punktoperator . zum Anschreiben des Matrixprodukts verwendet. Zusammen mit dem Zeilenvektor `a={{1,-4,8}}` lassen sich die obigen Rechnungen wie folgt notieren

---

[20]Dabei ist allerdings zu beachten, dass es in MATHEMATICA auch Vektoren gibt, die als eindimensionale Listen angeschrieben werden.

```
a.(X-A)
a.(B-A)
Solve[a.(CC-A)==0,{zc}]
```

$$\{\{8 + x - 4(-9 + y) + 8(-1 + z)\}\}$$
$$\{\{0\}\}$$
$$\{\{z_c \to -2\}\}$$

Wir sehen an den ersten beiden Ausgaben (auf das abschließende `MatrixForm` zur Formatierung der Ausgabe wurde verzichtet), dass MATHEMATICA in der Tat eine (1×1)-Matrix zurückgibt und keinen skalaren Wert. Die dritte Ausgabe zeigt, dass MATHEMATICA mit Matrixgleichungen sehr gut zurechtkommt, allerdings die von MAXIMA gewohnte Kurzform `solve(A(x),x)`, die automatisch als `solve(A(x)=0,x)` interpretiert wird, nicht akzeptiert.

Auch mit dem Ansatz für die Ebenengleichung mit unbestimmten Koeffizienten kommt MATHEMATICA gut zurecht.

```
e={{e1,e2,e3}}
sys={e.(B-A)==0,e.(DD[0]-A)==0,e.(DD[1]-A)==0}
sol=Solve[sys,{e3,e2,e1}]
```

$$\left\{\left\{e_2 \to -\frac{e_3}{2}, e_1 \to \frac{e_3}{8}\right\}\right\}$$

```
gl = e.(X-A) /. sol[[1]]
gl[[1,1]]//Expand
```

$$\left\{\left\{\frac{1}{8} e_3 (8 + x) - \frac{1}{2} e_3 (-9 + y) + e_3 (-1 + z)\right\}\right\}$$
$$\frac{9}{2} e_3 + \frac{1}{8} e_3 x - \frac{1}{2} e_3 y + e_3 z$$

Wir sehen, dass zum Anschreiben der Lösung kein neuer Parameter eingeführt, sondern e_3 verwendet wird. `gl` ist eine (1×1)-Matrix, deren (einziges) Element

Leistungskurs Mathematik, Geometrie 81

mit `gl[[1,1]]` extrahiert und weiterverarbeitet werden kann. Für $e_3 = 8$ erhalten wir die oben berechnete Ebenengleichung.

Auch die Bestimmung der Schnittparameter aus Teil b) lässt sich einfach anschreiben:

```
CC={{4},{6},{-2}}
sys=DD[k]==(CC+t*(B-CC))
sol=Solve[sys,{k,t}]
```

$$\{\{8+16k\},-1-10k,-6-7k\} == \{\{4-8t\},6-4t,-2-t\}$$
$$\left\{\left\{k \to -\frac{1}{2}, t \to \frac{1}{2}\right\}\right\}$$

Wir sehen, dass MATHEMATICA im Gegensatz zu MAXIMA mit der Matrixgleichung `sys` etwas anfangen kann, die in der Ausgabe in ihrer Form als geschachtelte Listen angeschrieben ist. MATHEMATICA geht hier sehr clever mit dem Vergleichsoperator `==` um. Weniger flexibel wird die Ausgabeformatierung mit `MatrixForm` angewendet – `sys//MatrixForm` führt nicht zum gewünschten Ergebnis. Allerdings ist unter `sys` auch keine Matrix, sondern eine Gleichung gespeichert. Die Ausgabe der rechten und linken Seite der Gleichung als Matrizen kann durch

`MatrixForm[#]& /@ sys`

$$\begin{pmatrix} 8+16k \\ -1-10k \\ -6-7k \end{pmatrix} == \begin{pmatrix} 4-8t \\ 6-4t \\ -2-t \end{pmatrix}$$

erreicht werden.

c) Doch kehren wir zu MAXIMA zurück. Die Lösung von Aufgabenteil c) lässt sich fast wie früher anschreiben. Allein das Skalarprodukt von zwei Spaltenvektoren wird diesmal explizit benötigt. Die Berechnung kann auf das Matrixprodukt zurückgeführt werden, wenn man den ersten Faktor transponiert, ihn also aus einem Spalten- in einen Zeilenvektor verwandelt.

```
eqn:expand(transpose(D(k)-B).(D(k)-C));
sol:solve(eqn,k);
```

$$405\,k^2 + 405\,k + 81$$

$$\left[k = -\frac{5+\sqrt{5}}{10},\ k = \frac{\sqrt{5}-5}{10}\right]$$

d) Wir kommen zum oben entwickelten Zusammenhang

$$\begin{pmatrix}x_1\\x_2\\x_3\end{pmatrix} = M \cdot \begin{pmatrix}t_1\\t_2\\t_3\end{pmatrix} + A$$

zwischen den beiden kartesischen Koordinatensystemen zurück. Setzen wir nacheinander

$$\begin{pmatrix}t_1\\t_2\\t_3\end{pmatrix} = \begin{pmatrix}1\\0\\0\end{pmatrix},\ \begin{pmatrix}t_1\\t_2\\t_3\end{pmatrix} = \begin{pmatrix}0\\1\\0\end{pmatrix},\ \begin{pmatrix}t_1\\t_2\\t_3\end{pmatrix} = \begin{pmatrix}0\\0\\1\end{pmatrix},$$

so erhalten wir jeweils die Vektoren $A + \vec{b}$, $A + \vec{c}$ und $A + \vec{d}$, wobei die Vektoren $\vec{b}$, $\vec{c}$ und $\vec{d}$ ebenfalls als Spaltenvektoren anzuschreiben sind. Wir übernehmen dazu die früher berechneten Werte.

```
b:transpose([16/(9*sqrt(5)),-(2*sqrt(5))/9,-7/(9*sqrt(5))]);
c:transpose([4/(3*sqrt(5)),sqrt(5)/3,2/(3*sqrt(5))]);
d:transpose([1/9,-4/9,8/9]);
```

In der Matrix M müssen also in den drei Spalten gerade die Komponenten der Vektoren $\vec{b}$, $\vec{c}$ und $\vec{d}$ stehen.

```
M:addcol(matrix(),b,c,d);
```

$$M = \begin{pmatrix} \frac{16}{9\sqrt{5}} & \frac{4}{3\sqrt{5}} & \frac{1}{9} \\ -\frac{2\sqrt{5}}{9} & \frac{\sqrt{5}}{3} & -\frac{4}{9} \\ -\frac{7}{9\sqrt{5}} & \frac{2}{3\sqrt{5}} & \frac{8}{9} \end{pmatrix}$$

Wir können diese Beziehung umstellen, um aus den alten Koordinaten die neuen zu berechnen:
$$\begin{pmatrix} t_1 \\ t_2 \\ t_3 \end{pmatrix} = M^{-1} \cdot \left(\begin{pmatrix} x_1 \\ x_2 \\ x_3 \end{pmatrix} - A \right)$$

Wir berechnen die inverse Matrix M^{-1} mit dem Inversionsoperator ^^(-1) für Matrizen separat und vereinfachen das Ergebnis mit `ratsimp`, ehe wir die Funktion `nk(P)` definieren, welche alte in neue Koordinaten umrechnet.

```
invM:ratsimp(M^^(-1));
nk(P):=invM.(P-A);
```

Wir können nun die Komponenten verschiedener Punkte im neuen Koordinatensystem berechnen und uns überzeugen, dass $t_3 = 0$ gilt und diese Punkte somit in der Ebene e liegen.

```
nk(B);
nk(D(1));
u:nk(D(k));
ratsimp(u);
```

Teil C. Stochastik

C.1 Die Aufgabenstellung

Beim Biathlon müssen die Athleten Schießeinlagen absolvieren.

a) Bei einem Biathlon-Wettbewerb muss ein Teilnehmer einmal liegend und einmal stehend auf jeweils 5 Scheiben schießen. Dafür stehen ihm je genau 5 Patronen zur Verfügung. Für jeden Fehlschuss muss der Läufer eine Strafrunde absolvieren.

Für Biathletin Simone wird unter optimalen Bedingungen im Liegen eine Trefferwahrscheinlichkeit von 95 % und im Stehen eine Trefferwahrscheinlichkeit von 90 % angenommen.

Berechnen Sie die Wahrscheinlichkeit dafür, dass Simone unter optimalen Bedingungen bei diesem Wettbewerb genau eine Strafrunde absolvieren muss.

Die Patronen für die Schießeinlagen liefert die Firma „Knall und Rauch". Erfahrungsgemäß sind 0,5 % aller durch diese Firma hergestellten Patronen fehlerhaft.

b) Die Firma liefert Patronen in Packungen zu genau 60 Stück.

Geben Sie die Wahrscheinlichkeit dafür an, dass eine solche Packung keine fehlerhafte Patrone beinhaltet.

Ermitteln Sie, wie viele Packungen wenigstens kontrolliert werden müssen, um mit einer Wahrscheinlichkeit von mindestens 95 % insgesamt wenigstens zwei fehlerhafte Patronen zu finden.

c) Eine Patrone gilt als fehlerhaft, wenn mindestens eine von zwei möglichen Fehlerquellen auftritt. Erfahrungsgemäß treten bei 0,30 % aller Patronen ein defektes Zündhütchen und bei 0,22 % aller Patronen Risse in der Hülse auf.

Bestimmen Sie die Wahrscheinlichkeiten folgender Ereignisse:

– Ereignis A: Eine zufällig ausgewählte Patrone mit Rissen in der Hülse besitzt ein defektes Zündhütchen.

– Ereignis B: Eine zufällig ausgewählte Patrone besitzt sowohl Risse in der Hülse als auch ein defektes Zündhütchen.

d) Zum Befüllen der Patronen mit Schießpulver benutzt die Firma einen Automaten. Die Masse des Schießpulvers in jeder befüllten Patrone ist annähernd normalverteilt mit dem Erwartungswert 1,62 g und der Standardabweichung 0,02 g.

Ermitteln Sie die Wahrscheinlichkeit dafür, dass die Masse des Schießpulvers in einer zufällig ausgewählten befüllten Patrone zwischen 1,59 g und 1,63 g liegt.

C.2 Basiswissen

- *Binomialverteilung:* Ist ein Versuch mit der Wahrscheinlichkeit p erfolgreich und $q = 1 - p$, so gilt für die Wahrscheinlichkeit $P_n(k)$, dass in einer Serie von n Versuchen genau k erfolgreich sind,

$$P_n(k) = \binom{n}{k} p^k q^{n-k}.$$

Dabei ist der Binomialkoeffizient $\binom{n}{k}$ gerade gleich der Anzahl der Pfade im entsprechenden Entscheidungsbaum, die zum Blatt $(k, n-k)$ führen.

- Die Dichtefunktion einer Normalverteilung mit Erwartungswert m und Standardabweichung s ist

$$p(x) = \frac{1}{s\sqrt{2\pi}} \exp\left(-\frac{(x-m)^2}{2s^2}\right).$$

Die Wahrscheinlichkeit $P(a \leq X \leq b)$, dass eine so normalverteilte Zufallsgröße X zwischen a und b liegt, berechnet sich als

$$P(a \leq X \leq b) = \int_a^b p(x)\,dx.$$

C.3 Lösungsplan

a) Wir haben zwei Verteilungen P mit $p = p_1 = 0.95$ und Q mit $p = p_2 = 0.90$ sowie jeweils $n = 5$. Die gesuchte Wahrscheinlichkeit ergibt sich aus

$$W = P_5(5) \cdot Q_5(4) + P_5(4) \cdot Q_5(5)$$
$$= 5\,p_1^5 \cdot p_2^4(1-p_2) + 5\,p_1^4(1-p_1) \cdot p_2^5.$$

b) Die Fehlerwahrscheinlichkeit ist $p = 0.005$. Wir bestimmen in Abhängigkeit von der Anzahl n der Patronen die entsprechenden Wahrscheinlichkeiten $P_n(k)$ und rechnen das Ergebnis dann auf die Anzahl der Packungen um.

Die Wahrscheinlichkeit, dass von n Patronen wenigstens zwei schadhaft sind, berechnet sich nach der Formel

$$q(n) = P_n(\geq 2) = 1 - P_n(0) - P_n(1).$$

Wir bestimmen n so, dass $q(n) > 0.95$ wird.

c) Das sind zwei Standardaufgaben der Wahrscheinlichkeitsrechnung, die wir fast im Kopf lösen können.

d) Hier sind einfach die richtigen Werte in die Formel einzusetzen und diese auszuwerten.

C.4 Umsetzung

a) Wir setzen die Formel aus dem Lösungsplan unmittelbar in Code um:

```
P5(k):=binomial(5,k)*p1^k*(1-p1)^(5-k);
Q5(k):=binomial(5,k)*p2^k*(1-p2)^(5-k);
sol:P5(5)*Q5(4)+P5(4)*Q5(5);
ev(sol,p1=.95,p2=.9);
```

$$0.3740782854375001$$

Die Wahrscheinlichkeit, dass Simone unter optimalen Bedingungen bei diesem Wettbewerb genau eine Strafrunde absolvieren muss, beträgt also 37.4%.

b) Die Wahrscheinlichkeit, dass eine Packung fehlerfrei ist, berechnet sich als $P_{60}(0) = (1-p)^{60}$;

```
P(n,k):=binomial(n,k)*p^k*(1-p)^(n-k);
ev(P(60,0),p=0.005);
```

$$0.7402609576967051$$

Die Wahrscheinlichkeit, dass eine Packung nur fehlerfreie Patronen enthält, liegt also bei 74%.

Für den zweiten Teil der Aufgabe müssen wir ein möglichst kleines n mit $g(n) > 0.95$ finden. Dazu verschaffen wir uns zunächst mit einem Plot einen Überblick über den Verlauf der Funktion $g(n)$.

```
define(g(n),ev(1-P(n,0)-P(n,1),p=0.005));
plot2d(g(n),[n,1,1000]);
```

Wir sehen, dass etwa für $n = 1000$ die Schwelle $g(n) > 0.95$ überschritten wird. Einen genauen Wert können wir mit find_root bestimmen.

```
find_root(g(n)-0.95,n,0,1000);
```

$$946.8993307868403$$

Dies entspricht etwa 15.78 60er-Packungen. Also müssen wenigstens 16 Packungen kontrolliert werden.

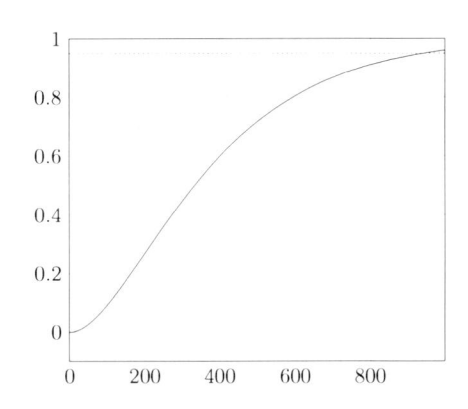

c) Unter $N = 100\,000$ Patronen sind im Schnitt $0.005 \cdot N = 500$ fehlerhaft, davon $0.003 \cdot N = 300$ mit defektem Zündhütchen und $0.0022 \cdot N = 220$ mit Rissen in der Hülse. Ist d die Anzahl von Patronen mit doppeltem Defekt, so gilt $500 = 300 + 220 - d$, denn beim Zusammenzählen $300 + 220$ haben wir die Patronen mit doppeltem Defekt doppelt gezählt. Unter den fehlerhaften Patronen sind also

$$d = 300 + 220 - 500 = 20 = 0.003 \cdot N + 0.0022 \cdot N - 0.005 \cdot N = 0.0002 \cdot N$$

Patronen mit beiden Fehlern. Für Ereignis A ergibt sich die bedingte Wahrscheinlichkeit

$$P(A) = \frac{20}{220} = \frac{0.0002 \cdot N}{0.0022 \cdot N} = \frac{1}{11} \approx 0.0909,$$

für Ereignis B die absolute Wahrscheinlichkeit

$$P(B) = \frac{20}{100\,000} = \frac{0.0002 \cdot N}{N} = 0.0002.$$

Wir können die ganze Situation auch noch einmal in einem Baumdiagramm visualisieren

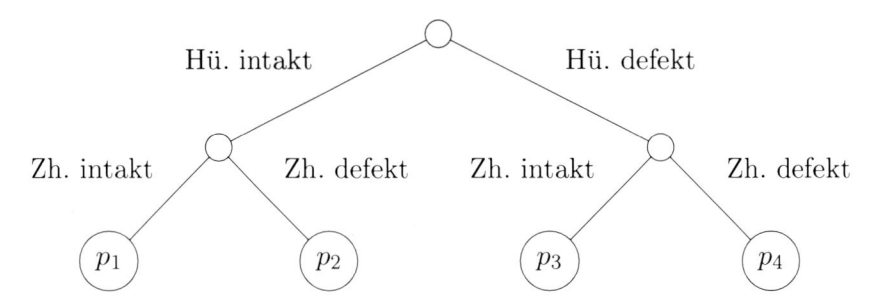

und sehen, dass $u_1 = p_2 + p_3 + p_4 = 0.5\,\%$ (Patrone defekt), $u_2 = p_3 + p_4 = 0.22\,\%$ (Hülle defekt) und $u_3 = p_2 + p_4 = 0.3\,\%$ (Zündhütchen defekt) erfüllt sein muss, also $u_1 - (u_2 + u_3) + p_4 = 0$ gilt. Das damit verbundene Zählprinzip, das sich auch auf drei und mehr Komponenten erweitern lässt, wird als *Einschluss-Ausschluss-Verfahren* bezeichnet.

d) Hier scheint alles einfach zu sein, aber der Teufel liegt im Detail, denn

```
define(p(x),
  ev(1/(a*sqrt(2*%pi))*exp(-(x-b)^2/(2*a^2)), b=1.62,a=0.02));
integrate(p(x),x,1.59,1.63);
```

Leistungskurs Mathematik, Stochastik

ist schnell angeschrieben, allein MAXIMA bekommt das nicht heraus. Wir müssen MAXIMA etwas auf die Sprünge helfen und die Frage zunächst in Termini der *Fehlerfunktion* erf umrechnen, die durch folgenden Zusammenhang

$$\mathrm{erf}(x) = \frac{2}{\sqrt{\pi}} \int_0^x \exp\left(-t^2\right) \, dt$$

definiert wird und mit der MAXIMA deutlich besser umgehen kann. Mit der Variablensubstitution $t = \frac{x-m}{\sqrt{2}\,s}$ erhalten wir

$$P(a \leq X \leq b) = \frac{1}{s\sqrt{2\pi}} \int_a^b \exp\left(-\frac{(x-m)^2}{2\,s^2}\right) \, dx$$

$$= \frac{1}{\sqrt{\pi}} \int_{\frac{a-m}{\sqrt{2}\,s}}^{\frac{b-m}{\sqrt{2}\,s}} \exp(-t^2) \, dt$$

$$= \frac{1}{2} \left(\mathrm{erf}\left(\frac{b-m}{\sqrt{2}\,s}\right) - \mathrm{erf}\left(\frac{a-m}{\sqrt{2}\,s}\right) \right).$$

Nun finden wir auch mit MAXIMA die Lösung

```
res:1/2*(erf((b-m)/(sqrt(2)*s))-erf((a-m)/(sqrt(2)*s)));
ev(res,m=1.62,s=0.02,a=1.59,b=1.63),float;
```

$$0.6246552600051515$$

Die Wahrscheinlichkeit dafür, dass die Masse des Schießpulvers in einer zufällig ausgewählten befüllten Patrone zwischen 1,59 g und 1,63 g liegt, beträgt also 62,5 %.

Selbstverständlich muss man mit MATHEMATICA nicht solche Umwege gehen.

```
p[x_]:=1/(s*Sqrt[2*Pi])*Exp[-(x-m)^2/(2*s^2)]
    /. { s → 0.02, m → 1.62 }
Integrate[p[x],{x,1.59,1.63}]
```

$$0.624655$$

Dennoch ist das letzte Beispiel lehrreich, denn es zeigt, dass eine genaue Kenntnis der Stärken und Schwächen des verwendeten Werkzeugs oft hilfreich ist, in Fällen noch zu einer Lösung zu kommen, in denen der erste Zugriff nicht von Erfolg gekrönt war.

In den Bildungsstandards der KMK kommen Normalverteilungen nur (noch) im „erhöhten Anforderungsniveau" der *Leitidee Daten und Zufall* [10, S. 26] vor, wobei die Schülerinnen (ebenda)

- exemplarisch diskrete und stetige Zufallsgrößen unterscheiden und die „Glockenform" als Grundvorstellung von normalverteilten Zufallsgrößen nutzen sowie

- stochastische Situationen untersuchen sollen, die zu annähernd normalverteilten Zufallsgrößen führen.

Dazu sind „einfache wissenschaftliche Taschenrechner [...] mit Binomial- und Normalverteilungen" (ebenda) einzusetzen, wofür die schulgängigen Taschenrechner (etwa der Casio Classpad) entsprechende numerische Funktionen vorhalten. In welchem Umfang Schülerinnen dabei ein *inhaltliches* Verständnis für die Problemstellung entwickeln, soll hier nicht weiter diskutiert werden.

Natürlich können wir MAXIMA auch in dieser Frage auf die Sprünge helfen und entsprechende Funktionen selbst definieren, die auf dem Casio ClassPad[21] zur Verfügung stehen:

```
define(normPDF(x,m,s),1/(s*sqrt(2*%pi))*exp(-(x-m)^2/(2*s^2)));
define(normCDF(x1,x2,m,s),
    ratsimp(integrate(normPDF(x,m,s),x,x1,x2)));
```

$$\frac{\exp\left(-\frac{(x-m)^2}{2\,s^2}\right)}{\sqrt{2\,\pi}\,s}$$

$$\frac{1}{2}\left(\mathrm{erf}\left(\frac{\sqrt{2}\,(x_2-m)}{2\,s}\right)-\mathrm{erf}\left(\frac{\sqrt{2}\,(x_1-m)}{2\,s}\right)\right)$$

Für eine normalverteilte Zufallsgröße X mit Mittelwert m und Standardabweichung s bezeichnet dabei `normPDF(x,m,s)` $= P(X = x \mid m, s)$ die Verteilungsfunktion und `normCDF(x1,x2,m,s)` $= P(x_1 \leq X \leq x_2 \mid m, s)$ die Wahrscheinlichkeit, dass die Zufallsgröße im Intervall $[x_1, x_2]$ liegt. MAXIMA hat

---

[21]Siehe https://www2.klett.de/sixcms/media.php/71/Befehle_CasioClassPad.pdf.

während der Definition diese beiden Funktionen von sich aus in „intern besser Verständliches" umgewandelt. Wir können nun die in der Aufgabe gestellte Frage „schülerinnengerecht" durch einfachen Aufruf dieser neuen Funktion lösen:

`normCDF(1.59,1.63,1.62,0.02);`

$$\frac{1}{2}\left(\mathrm{erf}(0.25\sqrt{2})+\mathrm{erf}(0.75\sqrt{2})\right)$$

Schieben wir noch eine numerische Auswertung mit `float` nach, so erhalten wir wieder den Wert 0.6246552600051515.

Ergänzend sei angemerkt, dass wir auch einseitige Wahrscheinlichkeiten

$$P(X\leq x_2\mid m,s)$$

berechnen könnten, indem wir $x_1=-\infty$ setzen. Leider kommt MAXIMA dort schon wieder ins Straucheln:

`normCDF(minf,1.63,1.62,0.02); float(%);`

$$\frac{1}{2}\left(\mathrm{erf}(0.25\sqrt{2})-\mathrm{erf}(25.0\sqrt{2}\,(\mathrm{minf}-1.62))\right)$$
$$0.5\,(0.3829-\mathrm{erf}(25.0\,(1.4142\,\mathrm{minf}-2.2910)))$$

Eigentlich sollte der zweite Term zu $\mathrm{erf}(\mathrm{minf})=0$ auswerten. Wir können uns behelfen, indem wir einen numerischen Wert $x_1=-500$ statt `minf` einsetzen oder – besser – gleich bedenken, dass aus Symmetriegründen

$$P(X\leq m\mid m,s)=\frac{1}{2}$$

gilt und $P(X\leq x_2\mid m,s)$ als $\frac{1}{2}+P(m\leq X\leq x_2\mid m,s)$ anschreiben. Beachten Sie, dass für $x_2<m$

$$P(m\leq X\leq x_2\mid m,s)=-P(x_2\leq X\leq m\mid m,s)$$

gilt, die einseitige Wahrscheinlichkeit also auch in diesem Fall korrekt berechnet wird.

Unter Verwendung der gerade definierten Funktion `normCDF` berechnet sich die einseitige Wahrscheinlichkeit damit als

```
1/2+normCDF(1.62,1.63,1.62,0.02);
```

$$\frac{1}{2}\left(1 + \operatorname{erf}(0.25\sqrt{2})\right) = 0.6914624612740093$$

Die Wahrscheinlichkeit dafür, dass eine zufällig ausgewählte Patrone mit maximal 1,63 g Schießpulver befüllt ist, beträgt also 69.15 %.

Damit können wir auch `invNormCDF(p,m,s)` $= x_0$ mit $P(X < x_0 \mid m, s) = p$ als dritte Funktion anschreiben, mit der zu einer vorgegebenen Wahrscheinlichkeit p der Parameter x_0 bestimmt werden kann und die ebenfalls auf dem Casio Classpad implementiert ist.

```
define(invNormCDF(p,m,s),ev(x,solve(1/2+normCDF(m,x,m,s)=p,x)));
```

$$m + \sqrt{2}\, s\, \operatorname{inverse\_erf}(2\,p - 1)$$

MAXIMA hat das wieder gleich in „seine Sprache" übersetzt. Machen wir die Probe aufs Exempel und bestimmen x_0 zur Wahrscheinlichkeit $p = 0.65$, nachdem wir oben die umgekehrte Aufgabe bearbeitet hatten.

```
invNormCDF(0.65,1.62,0.02),float;
```

$$1.627706409328151$$

Wahlteil D1. Geometrie und Analysis

D1.1 Die Aufgabenstellung

In einem Wintersportgebiet soll eine neue Biathlonarena errichtet werden. Bezüglich eines kartesischen Koordinatensystems mit dem Koordinatenursprung O (1 Längeneinheit entspricht 50,00 m) liegen folgende Planungen vor:
Die Eckpunkte A und C des rechteckigen Schießbereichs $ABCD$ in der Arena haben die Koordinaten $A(1{,}70 \mid -2{,}40 \mid 0{,}00)$ und $C(0{,}10 \mid -0{,}20 \mid 0{,}00)$.

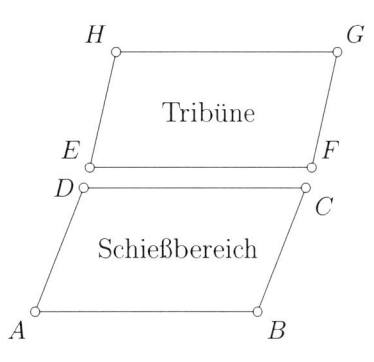

Die Begrenzungen des Schießbereichs verlaufen achsenparallel (siehe Abbildung). Die Athleten absolvieren ihre Schießeinlagen in positiver x-Richtung.

a) Im Schießbereich sollen 30 Schießbahnen mit einer Mindestbreite von je 2,75 m und einer Länge von 50,00 m eingerichtet werden.

   Begründen Sie, dass der geplante Schießbereich dafür die notwendigen Voraussetzungen bietet.

b) Die 5500 m² große rechteckige Zuschauertribüne $EFGH$ befindet sich in einer Ebene, welche parallel zur y-Achse verläuft und um 30° zur x-y-Koordinatenebene geneigt ist. Die Punkte E und F besitzen die Koordinaten $E(-0{,}10 \mid -2{,}40 \mid 0{,}05)$ und $F(-0{,}10 \mid -0{,}20 \mid 0{,}05)$.

   Ermitteln Sie die Koordinaten der Punkte G und H.

c) Die Profillinie des Geländes in der y-z-Koordinatenebene kann im Intervall $2{,}5 \leq y \leq 10{,}0$ näherungsweise durch den Graphen der Funktion f mit

$$z = f(y) = 0{,}5 + 0{,}2 \cdot \cos(1{,}5 - y) + 0{,}7 \cdot \ln(y - 2) \quad (y \in \mathbb{R})$$

   beschrieben werden.

Die erste Ableitung der Funktion f ist durch

$$z' = f'(y) = \frac{0{,}7}{y-2} - 0{,}2 \cdot \sin(y - 1{,}5) \quad (y \in \mathbb{R})$$

gegeben.

Eine in der y-z-Koordinatenebene liegende Laufspur soll durch einen Teil des Graphen einer ganzrationalen Funktion g beschrieben werden. Folgende Bedingungen müssen dabei erfüllt sein: Die Laufspur geht in einer Höhe von 30,00 m über der x-y-Koordinatenebene tangential in die Profillinie des Geländes und im Koordinatenursprung tangential in die y-Achse über.

Begründen Sie, dass die Funktion g mindestens dritten Grades sein muss.

Ermitteln Sie eine Gleichung der Funktion g.

D1.2 Basiswissen

- Rekonstruktion der Lage des Koordinatensystems aus den gegebenen Größen.

- Umrechnung von Maßeinheiten und Flächeninhalte von Rechtecken.

- Bestimmung der Koordinaten eines Vektors aus Länge und Anstieg.

- Etwas Analysis: Die Graphen zweier Kurven $f(x)$ und $g(x)$ berühren sich bei $x = x_0$, wenn $f(x_0) = g(x_0)$ (Übereinstimmung der Funktionswerte) und $f'(x_0) = g'(x_0)$ (Übereinstimmung der Anstiege) gilt.

D1.3 Lösungsplan

Allein aus der Achsenparallelität lässt sich die Lage des Koordinatensystems nicht rekonstruieren – es sind zwei Koordinatisierungen der x-y-Ebene denkbar. In der ersten ist die x-Achse parallel zu CD, in der anderen parallel zu BC. Im ersten Fall ergibt sich

$$B = (0.10 \mid -2.40 \mid 0.00) \text{ und } D = (1.70 \mid -0.20 \mid 0.00),$$

im zweiten Fall

$$B = (1.70 \mid -0.20 \mid 0.00) \text{ und } D = (0.10 \mid -2.40 \mid 0.00).$$

Erst aus der Zusatzinformation, dass die y-Koordinate von A und E übereinstimmt, ergibt sich, dass die zweite Variante die richtige Koordinatisierung ist. Auf dieser Basis lassen sich nun die einzelnen Teilaufgaben lösen.

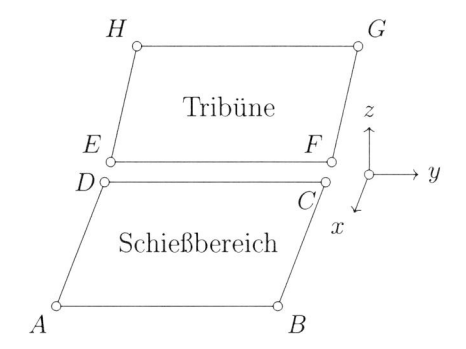

a) Wir berechnen die Abmessungen des rechteckigen Schießbereichs und prüfen, ob dort die Schießbahnen eingerichtet werden können. Dazu ist zwischen Längeneinheiten (LE) und Metern umzurechnen.

b) Die Koordinaten ergeben sich aus dem Vektor $\overrightarrow{FG}$, der laut Aufgabenstellung senkrecht zur y-Achse und damit parallel zur x-z-Ebene liegt. Die Länge dieses Vektors kann aus dem Flächeninhalt des Vierecks $EFGH$ bestimmt werden. Der angegebene Winkel ist gerade der Winkel zwischen $\overrightarrow{FG}$ und der negativen x-Achse. Eine Neigung zur x-y-Ebene könnte auch Neigung nach vorn bedeuten, aber das ist aus physikalischen Gründen auszuschließen.

c) Alles spielt sich komplett in der y-z-Ebene ab. Wir schreiben zunächst die Funktion $f(y)$ an und erzeugen ein Bild, dann prüfen wir, ob die Ableitung richtig berechnet wurde.

Für die gesuchte Funktion $g(y)$ muss $g(0) = g'(0) = 0$ (tangentialer Übergang in die y-Achse im Ursprung) und $g(y_0) = f(y_0)$, $g'(y_0) = f'(y_0)$ (tangentialer Übergang in Profillinie des Geländes) gelten, wobei y_0 ein Abszissenwert ist, für den $f(y_0) = 0.6$ gilt, denn $30\,\text{m}$ sind gerade $0.6\,\text{LE}$.

D1.4 Umsetzung

a) Die Koordinaten der beiden anderen Eckpunkte B und D haben wir bereits oben bestimmt.

Für die Länge $l = |AD|$ und die Breite $b = |AB|$ des Schießbereichs ergibt sich dann $l = 1.7 - 0.1 = 1.6$ und $b = 2.4 - 0.2 = 2.2$ in LE, was noch in Meter umzurechnen ist.

```
A:[1.7,-2.4,0];
B:[1.7,-0.2,0];
C:[0.1,-0.2,0];
D:[0.1,-2.4,0];
```

Basis der Umrechnung ist die Beziehung $1\,\text{LE} = 50\,\text{m}$. Wir erhalten $l = 80\,\text{m}$, $b = 110\,\text{m}$. 30 Schießbahnen zu je $2.75\,\text{m}$ ergeben eine Mindestbreite von $30 \cdot 2.75\,\text{m} = 82.50\,\text{m}$. Es ist also genügend Platz vorhanden.

b) Der Flächeninhalt der Zuschauertribüne beträgt

$$5500\,\text{m}^2 = \frac{5500}{50^2}\,\text{LE}^2 = 2.2\,\text{LE}^2,$$

die Breite $c = |EF| = 2.4 - 0.2\,\text{LE} = 2.2\,\text{LE}$, die Höhe also

$$h = \frac{2.2\,\text{LE}^2}{2.2\,\text{LE}} = 1\,\text{LE}.$$

Der Vektor $\vec{a} = \overrightarrow{FG}$ muss also die Länge 1 haben und mit der negativen x-Achse, also dem Vektor $\vec{e} = [-1, 0, 0]$, einen Winkel von $30°$ einschließen. Es ergibt sich

$$\vec{a} = \left[-\cos\left(\frac{\pi}{6}\right), 0, \sin\left(\frac{\pi}{6}\right)\right] = \left[-\frac{1}{2}\sqrt{3}, 0, \frac{1}{2}\right]$$

```
E:[-.1,-2.4,.05]; F:[-.1,-.2,.05];
a:float([-cos(%pi/6),0,sin(%pi/6)]);
G:F+a; H:E+a;
```

$$\vec{a} = [-0.866, 0.0, 0.5]$$
$$G = [-0.966, -0.2, 0.55],\ H = [-0.966, -2.4, 0.55]$$

c) Wir prüfen, ob die Ableitung richtig angegeben ist[22] und starten mit einem Plot.

```
f(y):=0.5+0.2*cos(1.5-y)
    +0.7*log(y-2);
define(df(y),diff(f(y),y));
plot2d(f(y),[y,2.5,10]);
```

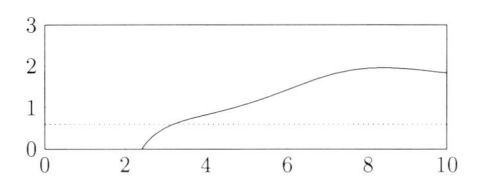

Wir erkennen die Herausforderung für die Biathleten: Auf 10 LE = 500 m sind 2 LE = 100 m Höhenunterschied zu überwinden, was einer durchschnittlichen Steigung von 20% entspricht. So wird der Anstieg einer Straße zumindest in der Wikipedia definiert. Der Anstieg an den steilsten Passagen des legendären Anstiegs von Alp d'Huez auf der Tour de France beträgt knapp 15% (ebenda).

Für die gesuchte Funktion $g(y)$ muss $g(0) = g'(0) = 0$ und $g(y_0) = f(y_0)$, $g'(y_0) = f'(y_0)$ gelten, wobei y_0 ein Abszissenwert mit $f(y_0) = 0.6$ ist. Diesen bestimmen wir zunächst.

```
y0:find_root(f(y)-0.6,3,10);
```

$$y_0 = 3.195192595132543$$

Wir setzen wie gefordert $g(y)$ als ganzrationale Funktion dritten Grades mit unbestimmten Koeffizienten $g_0, \ldots, g_3$ an und vereinbaren auch gleich die Ableitung als $dg(y)$.

```
g(y):=g0*y^3+g1*y^2+g2*y+g3;
define(dg(y),diff(g(y),y));
```

Danach lösen wir das lineare in $g_0, \ldots, g_3$ Gleichungssystem

```
sys:[g(0),dg(0),g(y0)-f(y0),dg(y0)-df(y0)];
sol:float(solve(sys,[g0,g1,g2,g3]));
```

---

[22] In der Quelle [16] ist an dieser Stelle ein Übertragungsfehler.

$$\mathtt{sys} = \big[g_3, g_2, g_3 + 3.195\,g_2 + 10.209\,g_1 + 32.6205\,g_0 - 0.6,$$
$$g_2 + 6.390\,g_1 + 30.6278\,g_0 - 0.38723\big]$$
$$\mathtt{sol} = [[g_0 = 0.001142, g_1 = 0.05512, g_2 = 0.0, g_3 = 0.0]]$$

solve verwandelt unterwegs die Dezimalzahlen, die als reelle Koeffizienten in sys vorkommen, intern in näherungsweise gleiche Brüche, um dann die exakten Verfahren zum Lösen von Gleichungssystemen anzuwenden. Die Lösung wird in diesen Brüchen angeschrieben. Hier ist die Ausgabe mit float wieder in Dezimalzahlen zurückverwandelt worden.

Wir sehen, dass die Lösung eindeutig bestimmt ist. Mit etwas Nachdenken hätten wir natürlich gleich im Ansatz $g_2 = g_3 = 0$ berücksichtigen können, denn das ist das Äquivalent der Bedingung, dass eine ganzrationale Funktion $g(y)$ die y-Achse im Ursprung tangiert. Wir sehen auch an der Eindeutigkeit der Lösung, dass g mindestens dritten Grades sein muss. Schließlich definieren wir $h(y)$, indem wir die Lösung in den Ansatz $g(y)$ mit unbestimmten Koeffizienten einsetzen, und plotten das Ganze. Beachten Sie wieder das Zusammenspiel der Variablen $g_0, \ldots, g_3$ im Symbolmodus mit dem Substitutionsoperator ev.

```
define(h(y),float(ev(g(y),sol[1])));
```

$$h(y) = 0.001142\,y^3 + 0.05512\,y^2$$

```
plot2d([f(x),h(x)],[x,-1,10], [y,-1,5], [legend,false]);
```

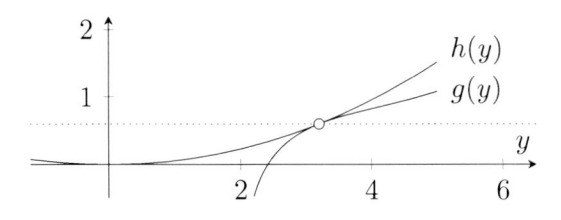

Wir sehen im Bild deutlich, dass die beiden Forderungen an den Verlauf der Funktion h erfüllt sind. Beim Anschreiben des Plots haben wir die Standardvariablen x und y verwendet, da sich in MAXIMA nur so der Darstellungsbereich in Ordinatenrichtung steuern lässt.

Leistungskurs Mathematik, Wahlbereich

Wahlteil D2. Geometrie und Analysis

D2.1 Die Aufgabenstellung

In der Lausitz befindet sich ein großes Braunkohlerevier. Um die kohleführende Schicht frei zu legen, wird der darüber liegende Abraum von Eimerkettenbaggern aufgenommen.

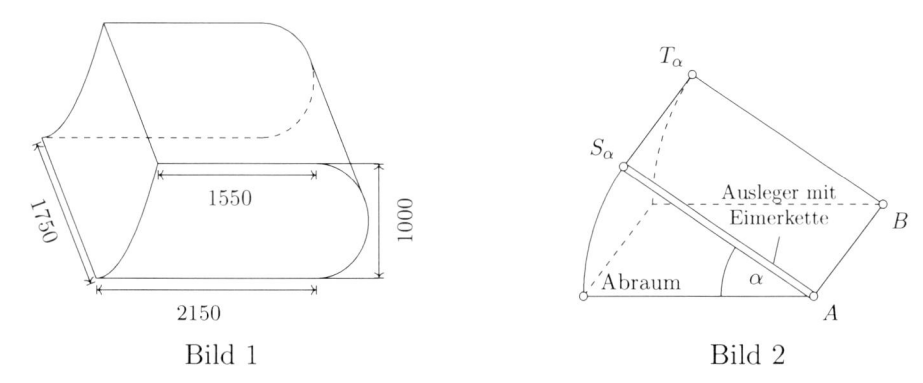

Bild 1

Bild 2

a) Bild 1 (Längeneinheit 1 mm) stellt vereinfacht einen Eimer des Baggers dar.

Die vordere und hintere Seitenfläche sind kongruent, parallel zueinander und werden jeweils durch zwei Strecken, einen Halbkreis bzw. einen Teil einer quadratischen Parabel begrenzt. Diese Parabel geht ohne Knick in die gedachte Verlängerung einer der beiden Strecken über.

Für die Bearbeitung der Oberfläche des Eimers ist die Kenntnis des Inhalts der vorderen Seitenfläche erforderlich.

Berechnen Sie den Inhalt dieser Fläche.

b) Die Eimer des Baggers sind an einer Kette befestigt, die über einen 30 Meter langen Ausleger senkrecht zu seiner Bewegungsrichtung AB läuft (siehe Bild 2). Der Bagger bewegt sich auf der Strecke $\overline{AB}$ vor und zurück. Dabei trägt er Schicht für Schicht des Abbaubereichs $ABT_\alpha S_\alpha$ ab.

c) In einem kartesischen Koordinatensystem (1 Längeneinheit entspricht 1 Meter) besitzen die Punkte A und B die Koordinaten $A(600 \mid 500 \mid 0)$ und $B(200 \mid 500 \mid 0)$.

Zur Vereinfachung wird der Ausleger als Strecke angesehen. Der Ausleger ist parallel zur y-z-Koordinatenebene um einen Winkel α mit $0° \leq \alpha \leq 50°$ schwenkbar. Für jeden Winkel α liegt der Abbaubereich $ABT_\alpha S_\alpha$ in einer Ebene E_α. Für $\alpha = 0°$ liegt diese Ebene E_α in der x-y-Koordinatenebene.

Bestimmen Sie die Koordinaten des Punktes S_α.

Geben Sie eine Gleichung der Ebene E_α an.

Zur Kontrolle des Abbaus werden die Koordinaten von Messpunkten M_α bestimmt, welche in der Ebene E_α liegen. Ermitteln Sie den Winkel α des Auslegers, wenn der Messpunkt die Koordinaten $M_\alpha(350 \mid 480 \mid 15)$ besitzt.

D2.2 Basiswissen

- Die Gleichung einer Parabel durch den Ursprung, welche die x-Achse berührt, ist $y(x) = a \cdot x^2$ mit geeignetem $a \in \mathbb{R}$.

- Die Länge l der Kurve auf dem Graphen der Funktion $y = f(x)$ zwischen den Abszissenwerten $x = a$ und $x = b$ berechnet sich nach der Formel

$$l = \int_a^b \sqrt{1 + f'(x)^2} \, dy. \tag{L}$$

Anmerkung: Die Kurve kann durch die Hypotenusen von Steigungsdreiecken mit den Kathetenlängen $(\Delta x, \Delta y)$ angenähert werden – für die Länge Δs einer solchen Hypotenuse gilt nach dem Satz des Pythagoras

$$(\Delta s)^2 = (\Delta x)^2 + (\Delta y)^2 \approx (1 + f'(x)^2)(\Delta x)^2.$$

Nach Aufsummieren der Kurvenstücke und Grenzübergang $\Delta x \to 0$ ergibt sich unmittelbar die Formel (L).

- Die Gleichung $e_1 x + e_2 y + e_3 z + e_4 = 0$ einer durch einen Punkt A und zwei Richtungsvektoren $\overrightarrow{AB}$ und $\overrightarrow{AS_\alpha}$ gegebenen Ebene e kann über das Kreuzprodukt aus einem Normalenvektor $\vec{n} = \overrightarrow{AB} \times \overrightarrow{AS_\alpha}$ über das Skalarprodukt $\vec{n} \cdot (X - A) = 0$ gewonnen werden.

  Alternativ kann die Ebenengleichung mit unbestimmten Koeffizienten angesetzt und das lineare Gleichungssystem gelöst werden, das sich aus den Bedingungen $A, B, S_\alpha \in e$ ergibt.

  $M_\alpha \in e$ kann durch Einsetzen in diese Ebenengleichung geprüft werden.

D2.3 Lösungsplan

a) Wir rechnen alles in die Längeneinheit 1 m um, vereinbaren ein günstig gelegenes Koordinatensystem und fertigen zunächst ein Bild der Situation an.

   Wir bestimmen dann den Parameter a in der Parabelgleichung, berechnen die Länge des Kurvenstücks und daraus den gesuchten Flächeninhalt.

b+c) Wir rekonstruieren zunächst die Lage des Koordinatensystems und des Vektors $\overrightarrow{AS_\alpha}$ aus den gegebenen Größen.

   Aus den angegebenen Koordinaten kann unmittelbar abgelesen werden, dass $\overrightarrow{BA}$ in positive x-Richtung zeigt, die vordere Begrenzungsfläche AS_0S_1 in der Ebene $x = 600$ und die hintere Begrenzungsfläche BT_0T_1 in der Ebene $x = 200$ liegt.

   Die gesuchte Ebenengleichung ermitteln wir mit dem Ansatz über unbestimmte Koeffizienten aus den beiden Richtungsvektoren $\overrightarrow{AB}$ und $\overrightarrow{AS_\alpha}$, den Parameter α, für den der Messpunkt M_α in dieser Ebene liegt, durch Einsetzen von M_α in diese Ebenengleichung.

D2.4 Umsetzung

a) Wir benennen die Punkte wie im Bild angegeben und legen das Koordinatensystem so, dass A im Ursprung, B auf der x-Achse und E auf der y-Achse liegt.

Das Koordinatendreibein ist aus Gründen der Übersichtlichkeit im Punkt $(-1\,|\,0\,|\,0)$ verankert.

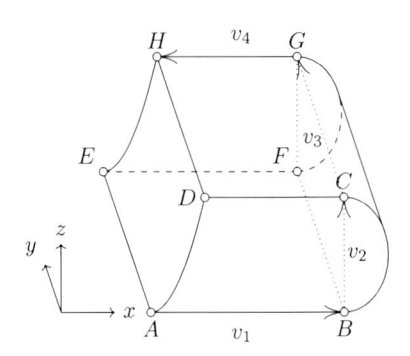

Vom Referenzpunkt A aus ergeben sich die Koordinaten der einzelnen Punkte als Verschiebungen um die Vektoren $v_1, \ldots, v_4$ mit den folgenden Koordinaten (alles ist dabei in der Längeneinheit Meter angegeben):

```
v1:[2.15,0,0]; v2:[0,0,1]; v3:[0,1.75,0]; v4:[-1.55,0,0];
A:[0,0,0]; B:A+v1; C:B+v2; D:C+v4;
E:A+v3; F:B+v3; G:C+v3; H:D+v3;
```

$$A(0,0,0),\ B(2.15,0,0),\ C(2.15,0,1),\ D(0.6,0,1),$$
$$E(0,1.75,0),\ F(2.15,1.75,0),\ G(2.15,1.75,1),\ H(0.6,1.75,1)$$

Wie lässt sich daraus mit MAXIMA ein Bild erzeugen, das dem hier gezeigten ähnelt? MAXIMA bietet nur rudimentäre Funktionalitäten für dreidimensionale Grafiken, aber das Bild ist ja auch zweidimensional und stellt eine schräge Parallelprojektion auf die x-z-Ebene dar. Für einen Vektor $\vec{u} = (u_x, u_y, u_z)$ lässt sich eine solche Parallelprojektion zum Beispiel als

```
project(u):=[u[1],u[3]]+u[2]*[-.3,.7];
```

anschreiben. Um das Bild zu erzeugen, müssen wir neben den Verbindungslinien der Punkte noch die Halbkreise k_1 und k_2 anschreiben, die B und C

Leistungskurs Mathematik, Wahlbereich 103

bzw. F und G verbinden. Der Halbkreis k_1 liegt in der x-z-Ebene, hat den Mittelpunkt der Strecke $\overline{BC}$ als Zentrum und den Radius $r = \frac{1}{2}\left|\overline{BC}\right| = \frac{1}{2}$. Der Halbkreis k_2 ergibt sich daraus durch Verschiebung um den Vektor v_3.

```
define(K1(u),(B+C)/2+1/2*[cos(u),0,sin(u)]);
define(K2(u),K1(u)+v3);
```

Damit können wir schon alles bis auf die Parabelstücke zu einem Plot zusammenfügen:

```
u1:project(K1(t));
u2:project(K2(t));
plot2d([[discrete,map(project,[D,C,G,H,D])],
   [discrete,map(project,[A,B,F,E,A])],
   [parametric, u1[1], u1[2], [t,-%pi/2,%pi/2]],
   [parametric, u2[1], u2[2], [t,-%pi/2,%pi/2]]
], [x,-1,3],[y,-1,3],
[style,lines], [color,black],[legend,false]);
```

Auch das kleine Koordinatendreibein, das im Punkt $O(-1 \mid 0 \mid 0)$ verankert ist, lässt sich so erzeugen.

```
O:[-1,0,0];e1:[1,0,0];e2:[0,1,0];e3:[0,0,1];
plot2d([[discrete,map(project,[O,O+e1])],
   [discrete,map(project,[O,O+e2])],
   [discrete,map(project,[O,O+e3])]
], [x,-1,3],[y,-1,3],
[style,lines], [color,black],[legend,false]);
```

Nachdem wir uns auf diese Weise eine gewisse visuelle Vorstellung von der gegebenen geometrischen Situation erarbeitet haben, kehren wir nun zur Lösung der Aufgabenstellung zurück.

Die Parabel AD liegt in der x-z-Ebene und hat dort die Gleichung $z(x) = a \cdot x^2$, wobei sich a aus der Bedingung berechnen lässt, dass D auf der Parabel liegt, also $z(0.6) = 1$ gilt. Es ergibt sich $a = \frac{25}{9} = 2.778$.

```
z(x):=a*x^2;
solve(z(.6)=1,a);
```

$$\left[a = \frac{25}{9}\right]$$

Setzen wir diesen Wert für a ein, so können wir die Länge l des Parabelstücks zwischen $x_0 = 0$ und $x_1 = \frac{3}{5} = 0.6$ berechnen. Wir arbeiten hier mit exakten Brüchen, um die Qualität des Ergebnisses genauer zu erkennen.

```
z(x):=25/9*x^2;
integrate(sqrt(1+diff(z(x),x)^2),x,0,3/5);
```

$$\frac{9\arcsin\left(\frac{10}{3}\right)}{100} + \frac{\sqrt{109}}{10} \approx 1.216731\,.$$

Wir sehen, dass das CAS hier eine ganze mathematische Kultur verdrängt hat, auf die in früheren Jahren in der Abiturstufe noch viel Zeit verwendet wurde – das Berechnen von Stammfunktionen einiger auf den ersten Blick „einfacher" Funktionen. Hier hätte man etwa (nach ein paar elementaren Substitutionen) vor der Frage gestanden, die Stammfunktion $\int \sqrt{1+x^2}\,dx$ zu berechnen.

Den Plot können wir nun noch ergänzen um die beiden Parabelstücke

```
define(P1(u),[u,0,25/9*u^2]);
define(P2(u),P1(u)+v3);
u3:project(P1(t));
u4:project(P2(t));
plot2d([ ...
   [parametric, u3[1], u3[2], [t,0,3/5]],
   [parametric, u4[1], u4[2], [t,0,3/5]] ... );
```

Für den gesuchten Flächeninhalt ergibt sich

$$F = l \cdot |AE| = 1.216731 \cdot 1.75 = 2.12928\,.$$

Mit einem grafisch potenteren CAS wie MATHEMATICA kann die Grafik unmittelbar als dynamisch bewegbare 3D-Grafik angeschrieben werden. Wir erzeugen dazu die Einzelteile der Grafik, setzen diese dann mit `Show` zusammen und wählen dabei die nötigen Einstellungen für eine anschauliche Darstellung.

Wir vereinbaren zunächst Bezeichner für die Referenzpunkte. Da in MATHEMATICA eine Reihe von Großbuchstaben für Systemvariablen verwendet werden, deshalb als `Protected` deklariert sind und nicht im Wertmodus werden können, bezeichnen wir unsere Punkte nicht mit A, B, C, sondern mit P_A, P_B, P_C.

Leistungskurs Mathematik, Wahlbereich 105

```
v1={2.15,0,0}; v2={0,0,1}; v3={0,1.75,0}; v4={-1.55,0,0};
PA={0,0,0}; PB=PA+v1; PC=PB+v2;
```

Um die einzelnen Teile der Baggerschaufel zu erzeugen, nutzen wir die Grafikfunktion ParametricPlot3D. Mit den ersten beiden Anweisungen erzeugen wir die Grund- und Deckfläche jeweils als Rechtecke, die von P_A aus von den Vektoren v_1 und v_3 bzw. von P_C aus von den Vektoren v_3 und v_4 aufgespannt werden.

```
p1:=ParametricPlot3D[PA+u*v1+w*v3,{u,0,1},{w,0,1}]
p2:=ParametricPlot3D[PC+u*v3+w*v4,{u,0,1},{w,0,1}]
```

Um die verbleibenden drei krummlinig begrenzten Teile der Baggerschaufel zu erzeugen, betrachten wir die Punkte P_A, P_B, P_C und P_D als Punkte in der x-z-Ebene. Wir wählen z als Abszisse und x als Ordinate, stellen also die beiden Kurven P_AP_D und P_BP_C als $x = x_1(z)$ und $x = x_2(z)$ mit $0 \leq z \leq 1$ dar. Die entsprechenden Gleichungen lassen sich aus unseren bisherigen Rechnungen unmittelbar ablesen:

$$x_1(z) = 0.6 \cdot \sqrt{z} \quad \text{und} \quad x_2(z) = 2.15 + \sqrt{z(1-z)}.$$

```
x1[z_]:=0.6*Sqrt[z];
x2[z_]:=2.15+Sqrt[z*(1-z)];
```

Das vordere Seitenteil der Baggerschaufel wird damit von den Verbindungslinien der Punkte $(x_1(t), 0, t)$ und $(x_2(t), 0, t)$ für $0 \leq t \leq 1$ aufgespannt, das hintere Seitenteil ergibt sich aus dem vorderen durch Verschiebung um den Vektor v_3

```
p3:=ParametricPlot3D[u*{x1[t],0,t}+(1-u)*{x2[t],0,t},
    {u,0,1},{t,0,1}];
p4:=ParametricPlot3D[u*{x1[t],0,t}+(1-u)*{x2[t],0,t}+v3,
    {u,0,1},{t,0,1}];
```

Die hintere Rundung kann erzeugt werden, indem für $0 \leq t \leq 1$ in den Basispunkten $(x_2(t), 0, t)$ jeweils ein Vektor v_3 angetragen wird.

```
p5:=ParametricPlot3D[{x2[t],0,t}+u*v3,{u,0,1},{t,0,1}];
```

Schließlich fügen wir die Einzelteile zu einer Grafik zusammen und lassen uns diese mit sinnvollen Optionen anzeigen:

```
Show[{p1,p2,p3,p4,p5},
    PlotRange → All,
    Boxed → False,
    Axes → None]
```

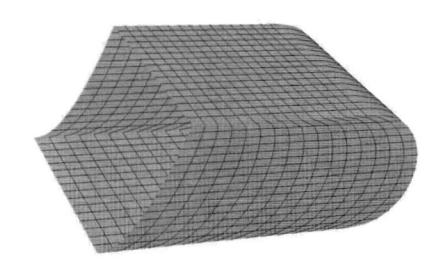

c) Doch kehren wir zu MAXIMA zurück. Zur Bearbeitung der Aufgabenstellung im Teil c) werden nur die Punkte $A(600 \mid 500 \mid 0)$, $B(200 \mid 500 \mid 0)$, S_α und $M(350 \mid 480 \mid 15)$ benötigt.

Aus den Angaben folgt unmittelbar, dass $\overrightarrow{BA}$ in positive x-Richtung zeigt und $\overrightarrow{AS_0}$ parallel zur y-Achse ist.

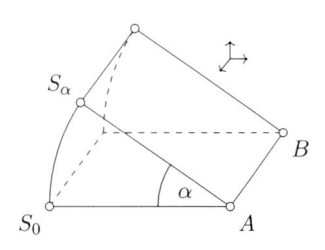

Es sind zwei Koordinatensysteme denkbar, für welche diese Bedingung erfüllt ist – eins, in dem $\overrightarrow{AS_0}$ in positive y-Richtung zeigt, und eins, in dem $\overrightarrow{AS_0}$ in negative y-Richtung zeigt. Da die z-Koordinate des Punktes M, der in der Abbaufläche $ABT_\alpha S_\alpha$ liegt, positiv ist, muss die z-Achse wie im Bild nach oben zeigen und damit der Vektor $\overrightarrow{AS_0}$ in negative y-Richtung. Aus der Länge $l = 30$ des Auslegers AS_α und den einschlägigen Winkelfunktionen ergeben sich die Koordinaten des Vektors als

$$\overrightarrow{AS_\alpha} = l \cdot [0, -\cos(\alpha), \sin(\alpha)]$$

und damit von S_α als

$$S_\alpha = A + l \cdot [0, -\cos(\alpha), \sin(\alpha)].$$

Die gesuchte Gleichung der Ebene E_α durch A, B und S_α berechnen wir wieder durch Ansatz mit unbestimmten Koeffizienten.

```
A:[600,500,0]; B:[200,500,0];
define(S(a),A+30*[0,-cos(a),sin(a)]);
onplane(P,e):=ev(e,x=P[1],y=P[2],z=P[3]);
e:e1*x+e2*y+e3*z+e4;
sys:[onplane(A,e),onplane(B,e),onplane(S(a),e)];
sol:solve(sys,[e1,e2,e3,e4]);
```

$$\left[\left[e_1 = 0, e_2 = r_1, e_3 = r_1 \cdot \frac{\cos(\alpha)}{\sin(\alpha)}, e4 = -500 \cdot r_1\right]\right].$$

Wir erhalten wieder eine einparametrige Lösungsschar, da die Koeffizienten der Ebenengleichung nur bis auf einen skalaren Faktor eindeutig bestimmt sind. Eine konkrete Ebenengleichung erhalten wir daraus durch Einsetzen etwa von $r_1 = 1$.

```
ea:ev(ev(e,sol[1]),%r1=1);
```

$$E_\alpha : \frac{\cos(\alpha)}{\sin(\alpha)} z + y - 500 = 0.$$

In der Antwort kommt x nicht vor, aber das ist klar, da die Ebene E_α für alle α parallel zur x-Achse verläuft. Die Antwort ist allerdings für $\alpha = 0°$ unbefriedigend, denn dann ist $\sin(\alpha) = 0$. Wir können das Ergebnis umformen zu

$$z = \tan(\alpha)\,(500 - y).$$

Zur Bestimmung des Winkels α des Auslegers, auf welchem der Messpunkt M liegt, setzen wir $t = \tan(\alpha)$ und bestimmen t aus der Bedingung, dass M die gefundene Ebenengleichung erfüllt.

```
eqn:ev(z=t*(500-y),y=480,z=15);
sol:solve(eqn,t);
```

$$\left[t = \frac{3}{4}\right]$$

Die gesuchte Winkelgröße ergibt sich daraus als $\alpha \approx 0.6435$ in Bogenmaß bzw. $\alpha \approx 36.87°$ in Gradmaß.

```
float(atan(3/4));
float(atan(3/4)*180/%pi);
```

Dieses Ergebnis hätten wir uns auch geometrisch überlegen können, denn die Gleichung der Ebene E_α fällt unter den gegebenen Voraussetzungen mit der Gleichung der Schnittgeraden dieser Ebene mit der y-z-Ebene zusammen.

Ein entsprechendes zweidimensionales Bild erhalten wir, wenn wir die geometrische Situation durch senkrechte Parallelprojektion auf die Ebene in y-z-Richtung durch A projizieren. Die Punkte A und S_α liegen in dieser Ebene, M' ist die Projektion des Punkts M.

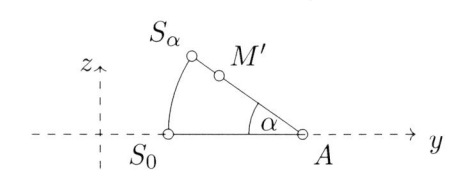

Das Bild kann mit folgendem MAXIMA-Code erzeugt werden, wobei für α der oben berechnete Wert – natürlich in Bogenmaß – eingesetzt ist.

```
A:[500,0]; M:[480,15];
define(S(a),A+30*[-cos(a),sin(a)]);
plot2d([
    [discrete,[S(0.6435),M,A]],
    [discrete,[S(0.6435),A,S(0)]],
    [parametric, S(a)[1], S(a)[2], [a,0,0.6435]]
   ],
   [x,460,510],[y,-10,25],[style,lines],[same_xy,true],
   [style,points,lines,lines],[point_type,circle],
   [color,black],[legend,false]
);
```

Anhang: MAXIMA und MATHEMATICA

Dieses Buch ist keine Einführung in MAXIMA, da es zum Einsatz eines CAS gehört, sich derartige Kenntnisse über das Hilfesystem und weitere Quellen im Zuge der Arbeit anzueignen. Die Möglichkeiten hierfür – insbesondere die Nutzung von Online-Quellen – haben sich in den letzten Jahren rasch weiterentwickelt, so dass auch nur der Versuch, hier dauerhaft gute Ratschläge erteilen zu wollen, verfehlt wäre. Für eine erste Orientierung habe ich in diesem Anhang grundlegende syntaktische Strukturen sowie einen ersten Guide zum Hilfesystem für die CAS MAXIMA und MATHEMATICA zusammengetragen, wie sie zum Zeitpunkt der Drucklegung dieses Buches verfügbar waren.

Maxima

- Typische Eingabe: `u:expand((x+y)*(x-y));`

    Dabei ist : (Doppelpunkt) der Zuweisungsoperator, ; (Semikolon) ein Terminationssymbol, mit dem jede Eingabe abgeschlossen werden muss. Die rechte Seite wird ausgewertet und dieser Wert der Variablen u zugewiesen. Das Terminationssymbol $ (Dollar) unterdrückt die Ausgabe.

    Besonderheit in Blockumgebungen: Dort sind einzelne Befehle durch , (Komma) zu trennen.

- Typische Funktionsdefinition: `u(n):=factor(n!-1);`

    Die Funktionsdefinition wird während der Zuordnung *nicht* ausgewertet (dies soll ja erst beim *Aufruf* der Funktion erfolgen). Komplexere Funktionsdefinitionen können über Blockanweisungen realisiert werden.

    In manchen Kontexten sind Funktionsdefinitionen erforderlich, bei denen die rechte Seite bereits zur Definitionszeit ausgewertet wird. Dies kann mit dem Operator `define` angeschrieben werden.

    `define(df(x),diff(f(x),x));`

- Kommentare: `/* ein Kommentar */`
- Inline-Hilfesystem: `?? Teilstring`
- Online-Hilfe: Manual in deutsch:
  http://maxima.sourceforge.net/docs/manual/de/maxima.html,
  http://maxima.sourceforge.net/docs/manual/de/maxima.pdf.

Mathematica

- Typische Eingabe: u=Expand[(x+y)*(x-y)]

  Dabei ist = (Gleich) der (genauer: ein) Zuweisungsoperator. Funktionsaufrufe verwenden grundsätzlich eckige Klammern, runde Klammern werden ausschließlich zum Gruppieren von Teilausdrücken verwendet.

  Terminationssymbol ist das Zeilenende, ; (Semikolon) unterdrückt die Ausgabe[23].

  , (Komma) wird grundsätzlich nur zur Trennung von Elementen in Listen verwendet (etwa auch in Parameterlisten von Funktionsaufrufen), ; (Semikolon) zur Trennung von Befehlen in einer Blockumgebung (etwa Module, Function oder Block).

- Typische Funktionsdefinition: u[n_]:=Factor[n!-1]

  Dabei ist $u[n\_]$ der Funktionsname samt Parameterliste. Parameter sind durch _ (Unterstrich) als formale Parameter zu markieren, um sie von (globalen) Variablen zu unterscheiden. := ist ein Zuweisungsoperator, welcher die rechte Seite *nicht* auswertet. Anderenfalls ist der Zuweisungsoperator = zu verwenden.

- Kommentare: (* ein Kommentar *)

- Inline-Hilfesystem: ? Teilstring

  In der Notebookversion steht eine umfangreiche kontextsensitive Hilfe sowie ein *Suggestions Bar* zur Verfügung, den man temporär oder dauerhaft abschalten kann – Details dazu im Hilfesystem. Schließlich kann man durch Drücken der Taste $F1$ für einen mit der Maus markierten Begriff direkt zu relevanten Stellen im Hilfesystem springen.

- Online-Hilfe: Ene Übersicht in deutsch über verfügbare Materialien ist unter

  http://www.wolfram.com/mathematica/resources/index.de.html

  zu finden, die meisten dort gelisteten Materialien sind aber nur auf englisch verfügbar.

---

[23] Das ist nicht ganz korrekt: Das Semikolon ist ein *Separator*, trennt also verschiedene Befehle, die nacheinander ausgeführt werden. Angezeigt wird nur die Ausgabe des letzten, hier also des leeren Befehls. In diesem Sinne ist *jede* Eingabe automatisch eine Blockumgebung (*Sequence* in der MATHEMATICA-Terminologie), diese müssen nicht speziell ausgezeichnet werden.

Literatur

[1] *Bildungsstandards für die allgemeine Hochschulreife in Deutsch, Mathematik, Englisch, Französisch.* Information der Abteilung 4 C des Ministeriums für Bildung Rheinland-Pfalz (10.03.2015).

[2] GeoGebra. International GeoGebra Institute, 2013.
https://www.geogebra.org/

[3] Hans-Gert Gräbe, Michael Kofler: *Mathematica 6 – Einführung, Grundlagen, Beispiele.* Pearson Studium, München 2007 (5., aktualisierte Auflage).

[4] Hans-Gert Gräbe. Der Funktionsbegriff im symbolischen Rechnen. *Der Mathematikunterricht*, 1/2014. S. 3–15.

[5] Hans-Gert Gräbe. GeoProver.
https://github.com/hg-graebe/GeoProver

[6] Hans-Gert Gräbe. Skript *Einführung in das symbolische Rechnen.* Wintersemester 2017/18.
https://www.informatik.uni-leipzig.de/~graebe/skripte/.

[7] Hans-Gert Gräbe. Skript *Geometrie mit dem Computer.* Sommersemester 2018.
https://www.informatik.uni-leipzig.de/~graebe/skripte/.

[8] Kultusministerkonferenz (2002). Einheitliche Prüfungsanforderungen der Kultusministerkonferenz für die Abiturprüfung im Fach Mathematik. Quelle: [16]

[9] Webseiten des Instituts zur Qualitätsentwicklung im Bildungswesen (IQB). https://www.iqb.hu-berlin.de

[10] Kultusministerkonferenz (2012). Bildungsstandards im Fach Mathematik für die Allgemeine Hochschulreife. https://www.kmk.org/themen/qualitaetssicherung-in-schulen/bildungsstandards.html

[11] Ada Lovelace. Zitiert nach
https://de.wikipedia.org/wiki/Ada_Lovelace.

[12] Karl Marx: Das Kapital. Erster Band. MEW 23, Berlin 1971.

[13] Wolfram MATHEMATICA, „das weltweit maßgebende System für technische Berechnung." https://www.wolfram.com/mathematica/.

[14] MAXIMA, a Computer Algebra System.
http://maxima.sourceforge.net.

[15] Klaus Thuß u.a.. Aufgaben des Sächsischen Matheabiturs. Sächsischer Bildungsserver. http://www.sn.schule.de/~matheabi/ (Seit März 2018 nicht mehr online.)

[16] Thomas Unkelbach. Mathematik Sekundarstufe II – Abiturprüfungen verschiedener Bundesländer.
http://ne.lo-net2.de/selbstlernmaterial/m/abi/abiindex.html

Stichwortverzeichnis

Ableitung 43, 45, 97
Anstieg 45, 94, 97
Ausdruck 18, 22, 28, 37, 38
Auswertung 21

Baumdiagramm 88
Bezeichner 19, 22, 23
Bildungsstandards 10, 41, 90
Binomialverteilung 85, 86

`collectterms` 52
`cross` 65

`define` 25, 46, 49, 52, 53

Ebenengleichung 62, 64, 77, 80, 100, 101, 106
`erf` 89
`ev` 23, 34, 36, 64, 98
Extrempunkt 45

Fehlerfunktion 89
Fehlerwahrscheinlichkeit 84, 86, 87
`find_root` 47, 54, 58, 87
`first` 72
Flächeninhalt 46, 56, 94–96, 99
Funktionsaufruf 24
Funktionsausdruck 24, 38
Funktionsbezeichner 24
Funktionsdefinition 24, 26, 28, 49
Funktionsgraph 43–45, 49, 94
Funktionssymbol 24

ganzrationale Funktion 94, 97

Gleichungssystem 71

Infixnotation 20
`invNormCDF` 92

Koordinatentransformation 70, 72, 73, 82
Kurvenlänge 100, 104

`lambda` 24, 33
`LeafCount` 30
`len` 69, 71
`list_matrix_entries` 78
Liste 31, 38

Maßeinheit 94, 102
`makelist` 32, 34, 50
`map` 24, 33, 34, 72
`MatrixForm` 31, 79, 81
Matrixgleichung 78, 81
Matrixprodukt, 75, 77, 79, 81
Matrizen 74, 75
Maximumpunkt 43, 48
Minimumpunkt 43
monotone Funktion 43, 45, 47

namenlose Funktion 24
Normalenvektor 61, 64
Normalformberechnung 28
Normalverteilung 85, 88, 90
`normCDF` 90
`normPDF` 90

`onplane` 63, 71, 106

Parabel 99, 103
Parallelprojektion 66
    schräge 102
ParametricPlot3D 105
plot2d 66
Postfixnotation 20
Präfixnotation 20
Präzendenzregeln 20
project 66, 102
Punktrichtungsgleichung 61, 62, 65

Roundfixnotation 20

Show 51, 55, 104
Skalarprodukt 61, 63, 68, 81
solve 35, 48, 53, 54, 64, 71, 98
Stammfunktion 45
sublist 24, 32, 34

Substitutionsliste 36, 48
Substitutionsoperator 23, 28,
    36, 64, 98
Symbolmodus 22, 23, 28, 35,
    48, 69, 71, 98
Symboltabelle 21

Tangente 43, 45, 52, 95
Tangentengleichung 45
Termumformung 27

Variable 19
Vektoren 74, 75
Vektorprodukt 64

Wahrscheinlichkeit 84, 88
Wendestelle 43, 45, 47
Wertmodus 22, 23, 36, 69
Winkel 61, 69, 95, 100, 106, 107

Die Anwendungen

Was hält unseren Hund gesund?

Die artgerechte Haltung

Für die optimale Gesunderhaltung eines Hundes ist der Einsatz von Schüßler-Salzen sinnvoll. Um den Hund durch die Anwendung von Schüßler-Salzen erfolgreich zu unterstützen, sollte man seine Aufmerksamkeit nicht allein auf die Leitsymptome des Mineralsalzmangels richten, man sollte unbedingt auch auf eine optimale Fütterung und ausreichende Bewegungsmöglichkeiten achten. Folgende grundlegende Regeln für die Gesunderhaltung seines Lieblings sollte jeder Hundebesitzer beherzigen:

Ein wesentlicher Teil der Gesunderhaltung des Hundes besteht darin, auf die **richtige Ernährung** zu achten. Ein Hund sollte gemäß seines Alters und seines Einsatzes immer die passende Nahrung erhalten. Nährstoffreiche Kost benötigen vor allem Welpen, tragende Hündinnen und sportlich aktive Hunde. Bei älteren Hunden sollte darauf geachtet werden, dass die Kost leicht verdauliche Kohlenhydrate enthält. Ein übergewichtiger und träger Hund sollte unbedingt energiearmes Futter bekommen und Fastentage einhalten. Gerade Übergewicht und Bewegungsmangel machen dem Hund zu schaffen und führen über kurz oder lang zu vermehrten Stoffwechselproblemen und daraus resultierenden Erkrankungen.

Info

Normalgewichtige und leicht untergewichtige Hunde besitzen nachweisbar eine höhere Lebenserwartung. Ähnlich wie beim Menschen bleiben bei diesen Hunden die Vitalfunktionen der Zelle länger erhalten.

Nur **ausgewogenes Futter** verwenden und nur solches, das auch auf die Lebenssituation des Tieres abgestimmt ist. Bitte keine Essensreste vom Tisch, keine älteren Lebensmittel oder wahllos Fette verfüttern. Fertigfutter enthalten meistens ausreichend Vitamine, sodass eine ergänzende Vitaminzufuhr nur unter sorgfältiger Abwägung erfolgen sollte. Manche Vitamine können überdosiert zu Schäden der Knochenstruktur und damit zu weitreichenden Erkrankungen und gesundheitlichen Einschränkungen des Tieres führen (das gilt beispielsweise für Vitamin A und D).

Bei selbst zubereiteter Nahrung muss auf eine **hinreichende Vitaminzufuhr** geachtet werden. Der Hund ist ein Fleischfresser und benötigt eine ausreichende Menge tierischen Gewebes. Bitte bei der Futterzubereitung kein rohes Fleisch, insbesondere kein Schweinefleisch (Infektion mit dem Aujeszky-Virus) und Geflügelfleisch (Salmonellen) verwenden.

Übergewicht ist beim Hund unbedingt zu vermeiden. Beim ausgewachsenen Hund kann ein **Fastentag** mit ausreichendem Wasserangebot einmal in der Woche erfolgen. An diesem Tag unterstützen Sie die Entgiftung und Entschlackung durch eine Gabe der Schüßler-Salze Nr. 9, Nr. 10 und Nr. 11.

Vorsicht bei den sogenannten „Leckerchen". Diese enthalten meist Zucker und Geschmacksverstärker und können bei einem „Zuviel" zu Durchfall, Verstopfung, Magenbeschwerden und längerfristig auch zu Gewichtszunahme führen. Die Gabe von Nr. 6 und Nr. 7 kann die Probleme des Verdauungstraktes durchaus lindern. Ebenso sollte der Hund höchstens dreimal in der Woche einen Knochen erhalten. Bitte keinen Geflügelknochen, denn dieser kann splittern und zu schlimmen Verletzungen der Verdauungswege führen. Auch Schweinerippen sind ungeeignet. Am besten sind Knochen vom Rind und Kalb. Fertige Kausticks werden gern als Zahnpflege angepriesen. Mehr als drei bis vier kleine Sticks pro Woche können bei einem kleinen Hund zu Verstopfungen und/oder zu Durchfällen führen (dagegen helfen wiederum Nr. 6 und Nr. 7).

Vorsicht bei kakaohaltigen Nahrungsmitteln. Für den Hund ist der im Kakao enthaltene Stoff Theobromin giftig und kann zu ernsthaften Störungen bis hin zu lebensbedrohlichen Zuständen führen. Sollte der Hund also einmal Schokolade, etwa mit einem 70-prozentigen Kakaoanteil, gefressen haben, sollten Sie umgehend den Tierarzt aufsuchen. Dieser wird dem Hund ein Brechmittel verabreichen, damit er die Schokolade wieder erbricht. Dies sollte so schnell wie möglich geschehen, also bevor der Mageninhalt in

> *Achtung!*
>
> *Vorsicht ist geboten, wenn der Hund Kausticks verschlingt. In diesem Fall kann es zur Verlegung der Speiseröhre kommen. Deshalb: Sofort den Tierarzt aufsuchen! Den Hund nicht allein lassen!*

Die artgerechte Haltung

den Darm gelangt. In dieser Notfallsituation ist kein Schüßler-Salz angezeigt!

Vergessen Sie grundsätzlich nie, Ihrem Hund **genügend Wasser** anzubieten. Er muss stets Zugang zu frischem Wasser haben, insbesondere wenn er Trockenfutter erhält. Geben Sie dem Hund möglichst keine Gelegenheit aus Pfützen zu trinken. Hier ist die Umweltbelastung schädlich.

Entwurmen Sie Ihren Hund ausreichend und regelmäßig. Die Verwurmung kann auch mittels einer Stuhluntersuchung festgestellt werden. So kann man den Hund gezielt entwurmen. Die Schüßler-Salze Nr. 9 und Nr. 10 unterstützen eine Wurmkur.

Bewegung ist für den Hund von großer Bedeutung. Sie regt den Stoffwechsel an und sorgt für die Durchblutung der Muskeln. Auf diese Weise wird die Muskulatur aufgebaut, und das Stütz- und Schutzgerüst für den gesamten Bewegungsapparat gepflegt und erhalten. Zugleich wird Stress abgebaut. Ein täglicher Spaziergang verschafft dem Hund Abwechslung. In diesem Zusammenhang ist auch der Kontakt zu Artgenossen wichtig. Der ruhige und gelassene Kontakt zu anderen Tieren verhindert unnötigen Stress und damit eine vermehrte Ausschüttung von belastenden Stoffwechselprodukten. Voraussetzung ist ein vernünftiger Umgang mit dem Hund sowie die Rücksichtnahme auch auf andere Tiere, die eher schreckhaft und ängstlich reagieren.

Wie Sie mit Schüßler-Salzen das **seelische Gleichgewicht** und eine gesunde psychische Entwicklung Ihres Hundes fördern können, entnehmen Sie der folgenden Tabelle. Sie liefert Ihnen auch wichtige Hinweise für die Behandlung von bereits deutlich wahrnehmbaren psychischen Disharmonien.

Tipp

Bei Wurmkuren den Hund mit den Salzen Nr. 9 und Nr. 10 unterstützen. Hundekot aus dem eigenen Garten unbedingt entfernen, damit die Hunde nicht wieder Wurmeier aufnehmen.

Der Kontakt mit Artgenossen, beispielsweise beim täglichen Spaziergang, baut Stress ab und macht Spaß.

Schüßler-Salze für eine gesunde Psyche

Dosierung und Verabreichung: Bei *allen* Salzen je nach Intensität der Symptome zuerst ca. 1 Woche lang 3-mal täglich je nach Gewicht die doppelte Tagesdosis (siehe Seite 28), dann 14 Tage 3-mal täglich die einfache Tagesdosis, nach Besserung über 2 bis 3 Monate 1-mal täglich die einfache Tagesdosis. Tabletten in Wasser aufgelöst und per Spritze (ohne Nadeln!) ins Hundemaul geben. Nicht unmittelbar vor dem Fressen und danach. Nicht in Lebensmittel als Leckerli verstecken!

Salz Nr. 1: **Calcium fluoratum (D12) Wachstumssalz**	Gerade junge Hunde neigen zu Unsicherheit und manchmal ängstlichen Reaktionen in unbekannten Situationen (Geräusche, fremde Menschen, neue Umgebung). Aber auch beim ausgewachsenen Hund können sich Unsicherheit und Ängste in bestimmten Verhaltensweisen zeigen: zaghafte und besonders vorsichtige Reaktionen auf alles Neue, Einziehen des Schwanzes, Ducken, unterwürfiges Verhalten. Häufig sind auch ängstlich aggressives Verhalten (z. B. Beißen bei stürmischer Umarmung von Fremden oder Kindern) sowie Anpassungsschwierigkeiten. Im Hundetraining reagiert der Hund übereifrig, aber auch stur und zeigt deutliche Konzentrationsschwierigkeiten. Der Hund zeigt wenig Antrieb in der Arbeit, ist schnell müde und erschöpft, frisst schlecht, verweigert schließlich auch Futter und magert ab.
Salz Nr. 2: **Calcium phosphoricum (D6) Ausbildungssalz**	Hier steht im Gegensatz zu Nr. 1 die panische Reaktion im Vordergund. Der Hund ist in seinen Reaktionen völlig unkalkulierbar und reagiert mit Ungehorsam. Nichts kann ihn bremsen. Panik äußert sich als Weglaufen mit eingezogenem Schwanz, Sich-Verkriechen, aber auch als Leistungsverweigerung bei Veranstaltungen (Hundeschauen usw.). Die Hunde wirken unkonzentriert, entweder sie verweigern Leistung total – z. B. reißt sich der Hund bei einer Vorstellung plötzlich los, nimmt völlig überraschend einen anderen Parcour oder rennt einfach nur sinnlos hin und her – oder sie sind übermäßig leistungsbereit und machen dann in ihrem Übereifer Fehler. Sie sind meist zu schlank, fast ausgemergelt, obwohl sie ihr Fressen manchmal regelrecht verschlingen. Andererseits macht sie die Nervosität auch appetitlos und sie verweigern ihr Futter. Sie bleiben nicht gern allein und stellen dann die Wohnung auf den Kopf.
Salz Nr. 3: **Ferrum phosphoricum (D12) Leistungssalz/ Erste-Hilfe-Salz**	Das „Sensibelchen" unter den Hunden – empfindsam, ängstlich, scheu, liebebedürftig, schnell ermüdbar und kraftlos. Geforderte Leistungen werden nur mit Mühe erbracht. Meist schaut er einen mit großen traurigen Augen an, vor allem wenn man mit ihm schimpft. Er braucht enorm viel Aufmerksamkeit. Bekommt er diese nicht, reagiert er eigenwillig, ungehorsam und beleidigt. Manchmal zeigt er sogar aggressive Unarten,. z. B. indem er sein Lieblingsspielzeug heftig traktiert, sinnlos in die Gegend kläfft oder auch „kneift", wenn er nicht beachtet oder nicht gestreichelt wird. Vorzüglich ist Nr. 3 geeignet nach allen anstrengenden körperlichen Leistungen wie etwa Turniereinsätzen, zur Rekonvaleszenz nach langer Erkrankung, nach Infektionen und ope-

rativen Eingriffen sowie nach der Geburt für das Muttertier und die Welpen. Nr. 3 ist ein geeignetes Mittel in der ersten Phase einer Entzündung.

Salz Nr. 4:
Kalium chloratum (D6)
Schleimhautmittel

Hier zeigt sich das Bild eines normalerweise liebenswerten, eher übergewichtigen Hundes, der plötzlich untypisch überspannt reagiert. Alles „Normale" kann für den Hund jetzt Belastung sein, er wirkt angespannt, die Rute wird hochgestellt und alle Sinne sind aktiv. Plötzlich spielen sie nicht mehr mit ihren Spielkameraden (andere Hunde), sondern greifen sie an und verjagen sie. Anderseits können sie sich jetzt auch einen Artgenossen, einen Menschen oder einen Gegenstand aussuchen, auf den sie sich fixieren, um den sie sich kümmern und den sie intensiv beschützen. Hierbei kann der Hund durchaus auch Aggressionen anderen gegenüber zeigen. Auch Hündinnen, die scheinschwanger sind, legen dieses Verhalten an den Tag. Nr. 4 ist ein geeignetes Mittel in der zweiten Phase einer Entzündung.

Salz Nr. 5:
Kalium phosphoricum (D6)
Nervensalz

Es sind meist schlanke, sehr nervenschwache Hunde, die immer übertriebenen Einsatz zeigen, dabei aber unkonzentriert, hektisch und nervös sind. Sie überfordern sich sozusagen selbst, rennen, springen und verbreiten überall Unruhe, weil Sie immer „action" machen und brauchen. Sie wollen sich „zeigen", verbrauchen dabei aber so viel Energie, dass sie danach vollkommen schlaff sind. Sie können nicht ruhig fressen, schlingen alles hinunter und leiden daher oft an Störungen im Verdauungstrakt. Für konzentrierte Mitarbeit sind sie unbrauchbar und können wegen ihrer übertriebenen Reaktionen selten zu Zuchtschauen und Hundeveranstaltungen mitgenommen werden. Kalium phosphoricum ist *das* Mittel für Zuchtausstellungen und Turniere, denn auch erfahrene Hunde können hier plötzlich mit Furcht und panischem Verhalten reagieren, sich aufregen und ungewöhnlich aggressiv sein. Hunde, denen Nr. 5 fehlt, zeigen oft ein übersteigertes Dominanzverhalten gegenüber Spielkameraden und können aggressive Angreifer sowohl für Mensch und Tier sein (wildernde Haushunde). Außerdem ist Nr. 5 ein Mittel für Rüden, die sich absolut nicht beruhigen können, wenn sie läufige Hündinnen wittern, sowie für Hündinnen mit gesteigertem Sexualverhalten.

Salz Nr. 6:
Kalium sulfuricum (D6)
Fell- und Hautsalz

Hier sind Krankheiten schon chronisch geworden und daher ist die Reizschwelle der Hunde deutlich herabgesetzt. Sie erscheinen richtig verstimmt, dennoch bemühen sie sich, den Anforderungen ihres Herrchens gerecht zu werden. Es fällt schwer, herauszubekommen, was der Hund eigentlich hat. Er erscheint wehleidig, kann bereits bei leichtester Berührung aufjaulen, aber er offenbart nicht, wo sein Problem liegt. Mit Maßregeln kann er gar nicht umgehen. Er reagiert dann ganz traurig, missmutig oder würdigt den Besitzer keines Blickes. Plötzliches Verweigern der gewohnten Mitarbeit weist ebenfalls auf Mangel an Nr. 6 hin. Zudem zeigt der Hund eine Art von Steifheit. Ebenfalls auffällig ist, dass er in keine geschlossenen Räume eingesperrt werden will – Autofahren ist die Hölle für ihn, hier zeigt er panische Angst. Typisch sind auch Platzangst sowie Muskelkater mit Steifheit nach Durchnässen.

Salz Nr. 7:
Magnesium phosphoricum (D6)
Krampfmittel

Dieses Mittel hilft bei gesteigerter Schmerzempfindlichkeit und Krampfneigung. Die Tiere sind extrem unruhig, laufen hin und her, beruhigen sich nicht und lassen sich auch nicht durch den Besitzer beruhigen. Sie zeigen diffuse Ängste und Unsicherheiten bei allen neuen Anforderungen und haben Angst, etwas falsch zu machen. Teilweise sind die Hunde übereifrig, sind also immer einen Sprung voraus. Dabei verausgaben sie sich und zeigen wechselnde Stimmungen und schnelle Erregbarkeit bis hin zu Hysterie. Hinzu kommt eine nervöse Ungeduld, z. B. machen sie Stress beim „Gassigehen", springen und verbeißen sich in die Leine. Wenn sie sich freuen, können sie sich völlig kopflos verhalten. Diese Hunde neigen häufig unter krampfhaften Blähungen. Durch wahnsinniges Rennen und Verausgaben kann es zu Magenverdrehungen und Überanstrengungserbrechen kommen. Der Bauch zieht sich dabei kolikartig zusammen. Bei allen krampfartigen Geschehnissen ist Nr. 7 das Mittel der Wahl, daneben ist es gut einsetzbar bei allen Stresssituationen. Es hilft auch bei stark juckenden Hauterkrankungen sowie bei Juckreiz aufgrund von psychischen Ursachen.

Salz Nr. 8:
Natrium chloratum (D6)
Wasserhaushaltsmittel

Typisch sind hier eigenbrötlerische, abweisende Tiere, die überhaupt keine Veränderungen mögen und extreme Zuwendung brauchen. Auch diese Hunde sind wehleidig, wollen aber gern nach draußen. Sie genießen frische Luft, am liebsten bei Trockenheit. Regen und Nässe meiden sie und verweigern es dann auch durchaus, ihr „Geschäft" draußen zu verrichten. Sie liegen nicht gern auf weicher Unterlage und suchen sich meist den Boden oder eine harte Unterlage als Schlafplatz aus. Wenn es diesen Hunden zu weit geht, können sie mit aggressivem und gereiztem Verhalten ihren Unmut verdeutlichen. Straft man diese Hunde jemals ungerecht, werden sie das nie vergessen – sie haben ein „Elefantengedächtnis", schon kleinste Erinnerungsanlässe rufen alte Muster ab und können für alle Beteiligten zu gefährlichen Situationen führen. Die Hunde lassen sich nicht motivieren, Zusprechen und Belohnung helfen wenig. Typ „beleidigte Leberwurst".

Salz Nr. 9:
Natrium phosphoricum (D6)
Entsäuerungsmittel

Bei Kandidaten für Nr. 9 handelt es sich meist um wohlproportionierte Tiere, die willig mitarbeiten, sich jedoch – sobald sie müde und matt werden – schnell den Anforderungen widersetzen. Dann wird der Hund plötzlich „sauer", reagiert bockig, widerwillig, mürrisch und missmutig. Der Hund hat seinen „eigenen Kopf" und will sich durchsetzen. Ständig bettelt er um Futter und ist nicht satt zu bekommen. Es ist vom Typ her der dicke, pummelige, ausgeglichene und eher bewegungsunlustige Hund, der lieber in der Wohnung liegt als ausgedehnte Spaziergänge zu machen. Er interessiert sich nur für seine Bedürfnisse und lässt sich zu nichts bewegen, was er nicht will. Seinen Unmut macht er schon mal durch Knurren und Schnappen klar. Lebhafte Kinder sind ihm zuwider, er geht nie baden und verträgt keine fetten Speisen.

Salz Nr. 10: **Natrium** **sulfuricum (D6)** **Entgiftungssalz**	Für den Hund mit Neigung zu Übergewicht und Wassereinlagerungen. Er schläft sehr viel, ist oft matt und abgeschlagen, fast schon faul. Er geht sehr ungern bei kaltem, nassem oder nebligem Wetter raus – und wenn doch, muss er sich erst „einlaufen". Er reagiert mit deutlichem Frust und zeigt die typische Steifheit. Bewegung vermittelt ihm grundsätzlich Unbehagen, zusätzlicher äußerer Druck kann ihn plötzlich zum Explodieren bringen und zu kopflosen Reaktionen führen (Choleriker). Er isst draußen sehr oft Gras und Kräuter, insbesondere solche mit Bitterstoffen (Löwenzahn). Nr. 10 ist besonders gut für die Entgiftung geeignet.
Salz Nr. 11: **Silicea (D12)** **Verjüngungsmittel**	Im Mittelpunkt stehen unverhältnismäßig heftige Reaktionen auf Licht, Geräusche, Lärm, Erschütterungen, Kälte- und Witterungswechsel. Nr. 11 wirkt insbesondere bei zarten Tieren, die im Wachstum zurückgeblieben sind. Der Hund ist überempfindlich, zurückhaltend, scheu, rasch erschöpft und zeigt eine übermäßige Kälteempfindlichkeit (friert schnell, zittert). Diese Empfindsamkeit zeigt sich auch in Übererregbarkeit und Konfliktunfähigkeit, die Tiere sind ständig überfordert und hochgradig nervös, schwitzen und hecheln schon bei geringster Anstrengung. Dennoch handelt es sich in der Regel um zuverlässige Hunde, die jedoch wegen ihrer Übernervosität nicht zu den einfachsten gehören. Sie zeigen noch Leistungsbereitschaft, wenn bei ihnen schon nichts mehr geht, und werden daher von überehrgeizigen Besitzern oft völlig überfordert. Zittern und Zucken der Gliedmaßen nach dieser Überforderung sind nicht selten. Die Hunde sind sehr wählerisch beim Futter, verweigern etwa die „Leckerli". Ihr Selbstvertrauen ist gering, obwohl sie oftmals überdurchschnittlich intelligent und gelehrig sind. Typisch ist auch eine übertriebene Schmerzempfindlichkeit – schon der Anblick eines Tierarztes kann zu Panik mit Fluchtreaktionen führen.
Salz Nr. 12: **Calcium** **sulfuricum (D6)** **Reinigungsmittel,** **„Salzjoker"**	Häufig ein hyperaktives Tier, das immer Streit sucht und durch ständig wechselnde Launen – mal aggressiv, mal ängstlich – den Umgang mit ihm erschwert. Da der Hund ständig Unruhe erzeugt und sich nicht konzentrieren kann, ist er recht unzuverlässig. Anforderungen machen ihn schnell übererregbar und verleiten ihn zu unkontrollierten Reaktionen. Strafen, die auf Ungehorsam folgen, können geradezu hysterische Verhaltensweisen heraufbeschwören. Im Gegensatz zu Nr. 11 kann der Hund auch übertrieben ausgelassen sein. Die Hunde zeigen ein auffälliges Verhalten gegenüber Artgenossen – sie „kleben" regelrecht an ihrem Spielpartner. Bei Trennung reagiert das Tier mit Selbstverstümmelung und wütender Zerstörung von Wohnungsgegenständen, Schuhen und dergleichen – alle Unarten, die man von Hunden kennt, können hier vorkommen. Der Hund, dem das Salz Nr. 12 fehlt, sucht sich zielsicher die dreckigste Pfütze zum Wälzen aus und badet gern in kaltem, schmutzigem Wasser. Hündinnen lassen niemanden an ihre Welpen und legen aggressive Verteidigungsstrategien an den Tag, besonders, wenn die Welpen von ihnen getrennt werden.

Die verschiedenen Lebensphasen

Die Gabe von Schüßler-Salz kann für den Hundebesitzer unter Beachtung einer grundsätzlich artgerechten Haltung eine wunderbare Unterstützung in allen Lebensphasen des Hundes sein. Ein sinnvoller Einsatz der Mineralsalze ermöglicht die Einflussnahme auf alle Unregelmäßigkeiten im Leben des Tieres.

Die tragende und säugende Hündin

Es ist sinnvoll, der tragenden und nach der Geburt auch der säugenden Hündin Schüßler-Salze zu verabreichen, da diese sowohl ihr selbst als auch den Welpen bereits vor der Geburt und danach zugute kommen. Hier ist folgende Gabe sinnvoll:

Während der Trächtigkeit

Geben Sie Nr. 1 zur Stärkung und bei Schwächezuständen sowie Nr. 2 als Aufbaumittel für den Knochenstoffwechsel. Die Nr. 3 kann als vorsorgliches Mittel gegen anämische Zustände (Blutmangel) und Erschöpfung eingesetzt werden sowie zur Kräftigung, aber auch zur Beruhigung. Mit Schüßler-Salz Nr. 5 kann die Psyche während der Trächtigkeit positiv beeinflusst werden. Dosierung: Nr. 1, Nr. 2 und Nr. 3 mischen und täglich ein- bis zweimal je nach Größe des Hundes (siehe Seite 28) zwei bis acht Tabletten verabreichen; Nr. 5 nur dann geben, wenn eine psychische Überforderung vorliegt.

> **Tipp**
>
> *Für ein gesundes Wachstum der Welpen nach der Geburt empfiehlt es sich, bereits der trächtigen Hündin die Salze Nr. 1, Nr. 2 und Nr. 3 zu verabreichen.*

Während den Wehen bzw. der Geburt

Die Nr. 3 hat sich bei Überanstrengung und zur Stärkung der Leistungs- und Widerstandsfähigkeit bewährt, ebenso die Gabe von Nr. 4 bei Überanstrengung und Muskelschwäche und von Nr. 5 zur Stärkung der Muskeln und bei körperlicher und psychischer Erschöpfung. Die stündliche Gabe einer Mischung der Salze Nr. 3, Nr. 4 und Nr. 5 in der Dosierung für die entsprechende Hunderasse und -größe (siehe Dosierungsanleitung Seite 28) kann hier sehr sinnvoll sein. Zur Geburtserleichterung kann die Nr. 7 alle 30 bis 60 Minuten in der doppelten Menge der Dosierungsangaben so lange gegeben werden, bis sich abzeichnet, dass die Geburt beginnt und die Schmerzen für die Hündin nicht mehr so stark erscheinen. Um die Aufnahme von Nr. 7 zu erleichtern, sollten die Tabletten in warmem Wasser aufgelöst und der Hündin direkt ins Maul verabreicht werden.

> *Tipp*
>
> *Nr. 7 ist einsetzbar bei allen Schmerzzuständen und Krämpfen.*

Nach der Geburt

Leidet die Hündin immer noch unter Schmerzen, sollte zunächst weiterhin in stündlichem Abstand die beschriebene Gabe von Nr. 7 erfolgen. Sinnvollerweise gibt man nach der Geburt die Nr. 8 (Flüssigkeits- und Wärmehaushaltsregulierung und Schleimhautbezug), die auch für einen besseren Milchfluss sorgt. Bei Milchmangel ist die zusätzliche Verabreichung der Nr. 11 hilfreich. Läuft die Milch zu stark, kann man den Einsatz der Salze Nr. 1 und Nr. 10 versuchen. Sind die akuten Situationen nach der Geburt im Griff, so sollte für die säugende Hündin und für die Welpen über mindestens drei Monate hinweg die konsequente Gabe von Nr. 1, Nr. 2, Nr. 8 und Nr. 11 in entsprechender Dosierung erfolgen. Dies unterstützt die Rekonvaleszenz (Erholung) der Hündin von der Geburt, steigert ihre Abwehrkraft und stärkt sie für die Zeit der Versorgung ihrer Welpen. Gleichzeitig werden die Welpen über die Milch mit diesen Salzen versorgt, die das Wachstum und die Entwicklung der jungen Tiere in wertvoller Weise unterstützen können.

Der junge Hund

Ein junger Hund benötigt eine ausreichende und ausgewogene Nährstoffzufuhr sowie ein seinem Alter entsprechendes Maß an Bewegung und sozialen Umgang. Zur Vorbeugung von Problemen des Bewegungsapparates sollte die Nahrung des jungen, im Wachstum befindlichen Hundes ein ausgewogenes Eiweiß- und Energieverhältnis aufweisen und nicht zu leicht verdaulich sein.

Ein junger Hund auf Entdeckungstour – das ist auch für den Hundehalter oft ganz schön aufregend ...

Hier sei nochmals auf die Gefahr eines „Zuviels" an Vitaminen verwiesen. Ein schnelles Wachstum oder gar eine übermäßige Wachstumsförderung würden dem Organismus nicht die Zeit zur Festigung von Knochen und Bändern geben.

Um den Hund während der Entwicklungsphase, die mit vielen neuen Eindrücken, Erfahrungen und Erziehungsanforderungen verbunden ist, zu unterstützen, ist eine allgemeine geistige wie körperliche Unterstützung durch die Salze Nr. 1, Nr. 2, Nr. 4 und Nr. 7 empfehlenswert. Bitte stimmen Sie die einzelnen psychischen Aspekte der Salze differenziert mit den psychischen Merkmalen Ihres Hundes ab und tauschen Sie das ausfindig gemachte Salz gegebenenfalls mit der Nr. 7 aus.

Die Impfung

Ein wichtiger Aspekt beim Heranwachsen des jungen Hundes ist die Impfung. Man kann sich darüber streiten, ob die vielen Impfungen wirklich sinnvoll für jeden einzelnen Hund sind. Es wird vermutet, dass viele allergische Reaktionen oder Erkrankungen Folgeerscheinungen von Impfungen sind. Fakt ist aber auch, dass Impfungen wichtig sind. Jeder Tierhalter sollte sich umfassend beim

Tipp für den Hundhalter

Ein Welpe macht viel Arbeit und man braucht eine Menge Geduld und Ausdauer. Für so manchen Hundebesitzer bedeutet dies mitunter enormen Stress. Nehmen Sie selbst zum Ausgleich regelmäßig etwa zweimal täglich je zwei bis vier Tabletten der Schüßler-Salze Nr. 5 und Nr. 7.

Veterinärmediziner über die jeweilige Impfung aufklären lassen. Um eventuell auftretende Impfreaktionen zu beeinflussen, stehen auch einige Salze zur Verfügung: Nr. 4 ist beim Auftreten von Knötchen an der Einstichstelle anzuwenden, die Nr. 7 gegen Juckreiz, Nr. 8 bei allergischen Reaktionen mit Hautschwellungen und Wasseransammlungen, Nr. 5 und Nr. 10 für die Entgiftung. Hier kann auch die lokale Anwendung von Schüßler-Salben sinnvoll sein.

Zur **Vorbeugung von Impfreaktionen** sollte man einige Wochen vor der bevorstehenden Impfung des Hundes folgende Schüßler-Salze einsetzen: Nr. 4, Nr. 8 und Nr. 11. Die Nr. 4 und Nr. 8 sollten entsprechend der Dosisempfehlung morgens und abends eingesetzt werden, Nr. 11 dagegen mittags in entsprechender Dosierung. Für die **Ausleitung von Schadstoffen,** die eventuell durch den Impfstoff im Organismus des Hundes angefallen sind, hat sich eine Verabreichung der Salze Nr. 5, Nr. 10 und Nr. 11 bewährt. Diese kann man, wenn nötig, bis zu drei Wochen lang durchführen. Salz Nr. 10 und Nr. 11 werden dem Hund zusammen morgens und abends in der entsprechenden Dosis gegeben, während Nr. 5 nur mittags zum Einsatz kommen sollte.

Abwehrstärkung

Welpen und junge Hunde sind noch besonders anfällig für Infektionen mit Viren und Bakterien. Im Laufe ihres Lebens werden sie mit vielen weiteren Infektionskrankheiten konfrontiert werden. Mit

> ### Tipp
>
> *Bei Infektionen reicht es vielfach schon aus, die beiden Entzündungssalze Nr. 3 und Nr. 4 zu verabreichen. Hält die Erkrankung länger an, kann zusätzlich die Nr. 6 (Mittel der chronischen Phase) über lange Zeit angewendet werden.*

Damit Forscherdrang nicht zu Infektionen führt, helfen Schüßler-Salze zur Stärkung des Abwehrsystems.

Schüßler-Salzen kann man das Immunsystem des Welpen und jungen Hundes sinnvoll unterstützen. Hier bietet sich vor allem das Salz Nr. 3 zur Anregung des Immunsystems an. Ist es zu einer Infektion gekommen, können die Mineralsalze Nr. 3 (Mittel der ersten Infektionsphase) und Nr. 4 (Mittel der zweiten Infektionsphase) sowie ein entsprechendes Mittel für das möglicherweise in Mitleidenschaft gezogene Organ zum Einsatz kommen. Die Gabe von Nr. 3 sollte bei allen akuten Erkrankungen und Infekten immer in kurzen Abständen und erhöhter Dosierung erfolgen. In der zweiten Phase wird dann die Nr. 4 mehrmals täglich gegeben.

Bei jungen Hunden ist die Erkrankung meist akut und kurzfristig und die beiden Salze Nr. 3 und Nr. 4 reichen hier meist aus. Eine zusätzliche Salzfindung sollte sich deshalb auf die spezifische Symptomatik der Erkrankung beziehen. Das heißt: In jedem Fall gehören die Salze Nr. 3 oder Nr. 4 in das Behandlungsschema und zusätzlich das Salz, dessen Mangelbild sich in der Erkrankung wiederfindet. Ist also der Magen bei der Infektion betroffen, wird beispielsweise das Salz Nr. 8 in abgestimmter Dosierung dazugegeben, betrifft die Erkrankung die Haut, wird man das Salz zusätzlich verabreichen, dessen Mangelbild die meisten Übereinstimmungen mit den beim Hund aufgetretenen Hautproblemen aufweist. Es ist daher naheliegend, sich bei Infektionen nochmals gründlich mit den Merkmalen der einzelnen Salze auseinanderzusetzen.

Bei jungen Hunden kommt es sehr häufig zu Erkrankungen des Magen-Darm-Systems, insbesondere zum Befall mit Parasiten. Hier bestehen mehrere Möglichkeiten, den Hund mit Schüßler-Salzen zu stärken und ihm zu helfen, sich gegen die Parasiten zu wehren.

Wurmkuren

Durch Herumstöbern und Kontakt mit anderen Tieren kommt es beim Hund schnell zu einer Kontamination mit Würmern. Ein geringer Wurmbefall belastet den Hund relativ wenig. Möglicherweise macht er sich lediglich durch leichten Durchfall bemerkbar. Junge Hunde sind aber im Allgemeinen oft in der Abwehr leicht geschwächt und Würmer können sich übermäßig vermehren. Diese Situation ist für den Hund belastend. Manche Würmer, hier vor allem der über Flöhe auf den Hund übertragene Bandwurm, führen zu Blutarmut, Nährstoffmangel, Gewichtsverlust mit weiterer Schwächung des Immunsystems und daraus resultierenden weitreichenden Gesundheitsschäden. Allgemein kann ein unbehandelter Wurmbefall zu ernstlichen Problemen beim Hund führen. Junge

> **Info**
>
> *Viele junge Hunde, aber auch ältere, haben die Angewohnheit, ihren eigenen Kot, den Kot anderer Hunde oder gar Katzenkot zu fressen. Hier liegt offenbar eine Mangelerscheinung vor, die durch die konsequente Gabe von Nr. 8 und Nr. 9 behoben wird: Über einen Zeitraum von zwei bis drei Monaten in der entsprechenden Dosierung (siehe Seite 28) durchführen.*

> ### Tipp für den Hundehalter
>
> **Ein gesunder Darm ist auch für den Menschen wichtig**
>
> *Auch beim Menschen kann es zu verstärkter Pilzbesiedlung des Darmes kommen, vor allem dann, wenn Antibiotika oder Medikamente eingenommen wurden, die sich negativ auf das Immunsystem ausgewirkt haben. Dann ist die Symbiose, also das gesunde Zusammenleben mit bestimmten Bakterien unserer Schleimhäute (Darm, Mundraum, Genitalien) nicht mehr gewährleistet, was einer krank machenden Pilzbesiedelung Vorschub leistet. Diese zeigt sich z. B. durch Jucken oder Rötung in Körperöffnungen. Schüßler-Salze können hier mit Medikamenten kombiniert werden, die helfen, die Darmflora aufzubauen, wie Orthoflor, orthobase San, Zellsalz. Hierzu sind die Salze Nr. 8, Nr. 9 und Nr. 10 in einer Dosierung von je zwei Tabletten zweimal täglich sinnvoll. Bei Pilzinfektionen mit Candida albicans (Hefepilz) sollte die Zufuhr von Hefe und Zuckerstoffen unbedingt verringert werden.*

Hunde fallen bei starkem Wurmbefall durch einen aufgeblähten Bauch und durch allgemeine deutliche Abmagerung auf. Bei einigen Hunden kommt es durch den Nährstoffverlust zu Haut- und Fellproblemen. Häufig zeigt sich auch ausgeprägter Juckreiz am After („Schlittenfahren"), mit Blut versetzter Kot (Spulwürmer) oder schwarzer Kot (Hakenwürmer). In jedem Fall sollte zur sicheren Abklärung eine Kotprobe auf Würmer erfolgen.

Es ist anzuraten, Wurmkuren mit Schüßler-Salzen zu begleiten oder zur Stärkung der Abwehr gegen Würmer die Salze vorsorglich mehrmals im Jahr über einen Zeitraum von sechs bis acht Wochen hinweg, gegebenenfalls länger, zu verabreichen. Unterstützend wirken hier allgemein die Salze Nr. 8, Nr. 9 und Nr. 10. Besteht ein starker Wurmbefall, sollte an einen Einsatz von Nr. 3 (einerseits wegen möglicherweise entzündlicher Begleiterscheinungen, andererseits gegen die durch einige Würmer ausgelöste Blutarmut und Abwehrschwächung), Nr. 4 sowie an die Gabe von Nr. 6 gedacht werden.

Zur Dosierung: Mischen Sie Nr. 9 und Nr. 10 und geben Sie davon dreimal täglich die für das Gewicht des Hundes empfohlene Dosis.

> ### Tipp
>
> Vorsorge gegen Wurmbefall kann man mit den Salze Nr. 8, Nr. 9 und Nr. 10 treffen.

Von Nr. 3, Nr. 4 und Nr. 6 ebenso eine Mischung herstellen und diese dreimal wöchentlich entsprechend der Dosierungsempfehlung verabreichen. Gegen Bandwurm helfen Nr. 9 und Nr. 10, zusätzlich Nr. 2 und Nr. 3 gegen Blutarmut. Gegen Spulwürmer sind Nr. 8 und Nr. 9 einzusetzen, gegen Hakenwürmer Nr. 8 und Nr. 10, zusätzlich Nr. 2 und Nr. 3 gegen Blutarmut.

Darmpilze

Durchfall und Verstopfung können auch Zeichen einer Darmverpilzung sein. Bei einem schlechten Abwehrsystem, bei verschiedenen Tumorerkrankungen, aber auch bei Fütterungs- und Haltungsfehlern kann sich der Darmpilz sehr stark vermehren und die genannten Symptome hervorrufen. Neben einer möglichst kohlenhydratarmen Ernährung und Vermeidung von Zuckergaben und Hefezufuhr ist der Einsatz der Schüßler-Salze Nr. 3, Nr. 8, Nr. 9 und Nr. 10 sinnvoll.

Der Hund im sportlichen Einsatz

Ein Hund kann nur sportlichen Einsatz zeigen, wenn der Gesamtorganismus gesund und die seelische Verfassung stabil ist. Ein vernünftiges und auf den jeweiligen Hund individuell abgestimmtes Sportprogramm ist Voraussetzung für eine gute Verfassung. Niemals darf der Hund überlastet werden, weder in der sportlichen Leistungsanforderung noch durch einen unverhältnismäßig hohen psychischen Druck zur Erlangung sportlicher Anerkennung.

Muskelkater

Zur Vorbeugung von Muskelkater gibt man dem Hund die Nr. 3. Falls man den Hund doch einmal in sportlicher Hinsicht überfordert hat, macht sich dies meistens in Muskelzittern und Muskelkater bemerkbar, der auch sehr schmerzhaft für das Tier sein kann. In diesem Fall sollte man dem Hund umgehend die Nr. 5 und die Nr. 7 in der doppelten Dosis wie angezeigt verabreichen und, wenn möglich, für die nächsten Tage mindestens drei- bis viermal in einer Normaldosis geben. Die körperliche Arbeit des Hundes muss deutlich reduziert werden, eine komplette Schonung ist dagegen wegen der Milchsäureansammlung im Gewebe nicht sinnvoll. Die Entschlackung kann noch durch die Gabe von Nr. 6, Nr. 9 und Nr. 10 unterstützt werden. Verabreichen Sie dem Hund ein Gemisch dieser drei Salze als einmalige Gabe am Morgen, dadurch wird die Entsäuerung des Organismus deutlich verbessert. Macht sich beim

Ein gesunder Hund bewegt sich gern und freut sich auch über höhere sportliche Anforderungen.

Hund eine Muskelschwäche bemerkbar, so hat sich für die Unterstützung der Muskeln die Gabe von Nr. 1, Nr. 2 und Nr. 5, gegebenenfalls auch von Nr. 4 und Nr. 8, bewährt.

Überanstrengung
Hat der Hund sich beim sportlichen Einsatz verletzt und die Gelenke, Sehnen und Bänder überanstrengt, macht sich das meist erst nach einem oder wenigen Tagen bemerkbar. Hier kommt dann die Nr. 4 zum Einsatz.

Prüfungsstress
Bei Prüfungen gilt es natürlich, die psychische Situation des Tieres richtig einzuschätzen. Zur Unterstützung seines Nervenkostüms vor einem Wettkampf hat sich die Gabe von Nr. 5 und Nr. 11 bewährt und kurz vor dem Einsatz die einmalige Gabe von Nr. 7.

Konzentrationsschwäche
Stellt man bei seinem Hund häufiger fest, dass die Arbeit ihn in psychischer Hinsicht überfordert und er schnell unkonzentriert und unaufmerksam ist, kann man es mit den Salzen Nr. 3, Nr. 6 und Nr. 8 versuchen. Nie jedoch sollte in diesem Fall die Nr. 5 fehlen.

Verstauchungen, Prellungen, Lahmheit
Ein sportlich aktiver Hund ist schon allein durch sein Training, sofern es im vernünftigen Rahmen geschieht, mit elastischen und stabilen Sehnen und Bändern ausgestattet. Trotzdem kann es durch einen unglücklichen Sprung oder Ähnliches zu Verstauchungen kommen. Beim eher bewegungsarmen, in der Stadt und in der Wohnung lebenden Hund mit meist wenig Auslauf kann es infolge eines steiferen, untrainierten und wenig durchbluteten Bewegungsapparates eher zu Verstauchungen, Verrenkungen und Lahmheitserscheinungen kommen. Plötzliche Bewegungen wie etwa ein Freudensprung – und schon kommt es zu einer schmerzhaften Überdehnung, die sich durch folgende Symptome bemerkbar macht: Das Gelenk schmerzt bei Berührung, ist möglicherweise geschwollen und der Hund belastet die Gliedmaße nur wenig oder gar nicht. Eine hochgradige, sehr schmerzhafte Lahmheit deutet auf einen Knochenbruch hin. Manchmal stellt man auch eine Fehlstellung der Gliedmaße oder Abknicken fest. In diesem Fall gehört das Tier umgehend in tierärztliche Behandlung.

Eine gute Konzentrationsfähigkeit erleichtert dem jungen Hund das Lernen von Neuem.

> ## Info
>
> ### Was tun bei Knochenbruch?
>
> *Bei sehr schmerzhafter Lahmheit des Hundes, die unter anderem auf einen Knochenbruch hinweisen kann, bewahren Sie Ruhe. Rufen Sie den Tierarzt, schildern Sie ihren Verdacht und lassen sich beraten, wie der Hund transportiert werden muss oder ob der Tierarzt den Hund vor Ort behandeln soll. Bis zum Eintreffen des Tierarztes können Sie Ihren Hund zur Linderung der Schmerzen in 15- bis 30-minütigen Abständen mit der Nr. 7 (doppelte Dosis der normalen Empfehlung) versorgen. Sinnvoll wäre hier auch die gleiche Dosis des Salzes Nr. 3.*

Liegt noch keine Schwellung vor, so hat sich die Gabe von Schüßler-Salz Nr. 1 bewährt. Verabreichen Sie das Mittel stündlich in der doppelten Menge der im Normalfall empfohlenen Dosis, und dies über die Dauer von drei Stunden. Auf die Stelle der Prellung und Überdehnung wird die Salbe Nr. 1 gegeben. Tritt eine Schwellung hinzu, ist zu der Nr. 1 die Nr. 8 hinzuzufügen. Diese lindert die Schwellung. Sinnvoll ist eine Tablettenmischung von Nr. 1, Nr. 3 und Nr. 8. Mit der Nr. 3 wird das „Erste-Hilfe-Salz" hinzugefügt, dies bietet eine gute Möglichkeit, sofort etwas gegen die Folgeschäden einer Verstauchung, Prellung oder Verrenkung zu unternehmen. Die Gabe erfolgt so lange, bis eine leichte Besserung eingetreten ist. Danach wird für etwa 14 Tage eine geringe Dosis verabreicht, bis die völlige Bewegungsfähigkeit wiedererlangt ist. Dass der Hund während dieser Zeit im sportlichen Einsatz geschont werden sollte, versteht sich von selbst.

Psychische Betreuung: Manche Hunde leiden sehr deutlich unter Verstauchungen, vor allem neigen sie dazu, sich bei Schmerzempfindungen zu verkrampfen. Hier ist die Gabe von Nr. 5 und Nr. 7 angezeigt, um zunächst den Schmerz zu lindern und im Weiteren Verkrampfungen entgegenzuwirken. Bei mittelgroßen bis großen Hunden eine Mischung aus je zehn Tabletten, bei kleinen Hunden eher je fünf Tabletten, in warmem Wasser auflösen und per Einmalspritze direkt ins Maul geben. Dies sollte, wenn möglich, nur einmal täglich erfolgen, kann jedoch bei starken Schmerzen und vor allem bei Wehleidigkeit noch ein weiteres Mal am Tag wiederholt werden.

> ## Tipp für den Hundehalter
>
> *Meist regt es den Hundebesitzer ebenfalls auf, wenn sein Hund unter starken Schmerzen leidet. Lutschen Sie von der Nr. 5 fünf bis acht Tabletten und wiederholen Sie dies bei Bedarf nach einer Stunde.*

Gelenkentzündung

Wird eine Prellung oder Verstauchung nicht richtig auskuriert, kann durch Schmerz verursachtes Fehlverhalten des Hundes zu mehr oder weniger starken Belastungen anderer Gelenke führen. Überbelastungen durch sportlichen Einsatz oder einfach Überlastung des sonst eher bewegungsarmen Stadthundes, aber auch Stoffwechselerkrankungen können zu Entzündungen führen, die oftmals mit einem Gelenkerguss (Flüssigkeitsansammlung in den Gelenken) einhergehen. Im akuten Zustand ist dies äußerst schmerzhaft für den Hund, das Gelenk ist geschwollen und sehr berührungsempfindlich und mehr oder weniger in der Bewegung eingeschränkt. Fast immer ist das Gelenk gerötet und warm. Bei allen akuten Gelenkentzündungen kommt zunächst die Nr. 3 zum Einsatz, und zwar je nach Gewicht des Hundes alle 30 bis 60 Minuten nach Darreichungsempfehlung. Dies sollte zunächst über einen Tag hinweg erfolgen und dann, reduziert auf fünf- bis sechsmal täglich, fortgesetzt werden. Eine konsequente Weiterführung der Tablettengabe für die Dauer von bis zu zwei Wochen hat sich hier als recht hilfreich erwiesen.

Berücksichtigt werden müssen auch andere Ursachen für Gelenkentzündungen, die eine entsprechende Salzgabe nach sich ziehen:

Gemeinsamer Sport bietet Hund und Herrchen die beste Voraussetzung für ein langes und gesundes Leben.

> **Tipp für den Hundehalter**
>
> *Fitness für Hund und Herrchen oder Frauchen*
>
> *Das tägliche Bewegungstraining mit dem Hund ist ein ideales Anti-Aging-Programm, das sich durch den Einsatz von Schüßler-Salzen noch unterstützen lässt. Nehmen Sie die Salze Nr. 3 und Nr. 5 möglichst zweimal im Jahr über zwei bis drei Monate hinweg in einer Dosis von zweimal zwei (normale Belastung) bis vier (intensiverer Sport wie Jogging oder Radfahren) Tabletten täglich ein (langsam auf der Zunge zergehen lassen). Einer Übersäuerung des Körpers durch Milchsäure begegnet man am besten vorbeugend mit der Einnahme von Nr. 3 und Nr. 6. Bei Neigung zu Muskelverkrampfungen (Wadenkrämpfe) hat sich die Anwendung der „Heißen Sieben" bewährt, die auch bei grippalen Infekten hilfreich ist. Hierzu gibt man bis zu 20 Tabletten Nr. 7 in ein Glas heißes Wasser und trinkt die Lösung in kleinen Schlucken. Durch die Verabreichung in heißem Wasser erweitern sich die Gefäße der Mundschleimhaut und es kommt zu einer verbesserten Aufnahme und Verwertung des Salzes im Organismus. Alternativ lutschen Sie vor, während und nach dem sportlichen Einsatz je zwei bis drei Tabletten der Nr. 7.*

So gibt man zum Beispiel bei Lebererkrankungen die Nr. 6 und bei Nierenfunktionsstörungen, Stoffwechselstörungen und Übergewicht Nr. 8, Nr. 9 und Nr. 10. Auf jeden Fall sollte unbedingt eine Kombination mit den entsprechenden Mineralstoffverbindungen von Dr. Schüßler vorgenommen werden, um die Behandlung von Gelenkproblemen erfolgreich und sinnvoll zu ergänzen.

Der alte Hund

Eine besondere und sorgfältige Beobachtung und ein schnelles Eingreifen bei Unpässlichkeiten sind beim alten Hund von großer Bedeutung. Viele Körperfunktionen des älteren Hundes sind nicht mehr voll aktiv, und durch Hormon- und Stoffwechselumstellung kann es nun vermehrt zu Organeinschränkungen mit nachfolgenden Problemen für den Hund kommen. Es gibt die vielfältigsten Alterserkrankungen, von Arthrose bis hin zur Bildung von Tumoren,

> **Tipp**
>
> *Denken Sie bei Gelenkproblemen an die Schüßler-Salze Nr. 1, Nr. 2 und Nr. 11 und schützen Sie Ihren Hund vor Kälte und Nässe.*

daher soll hier nur kurz auf die häufigsten Altersprobleme des Hundes eingegangen werden.

Steifheit der Gelenke und Muskeln

Vor allem zeigt sich beim älteren Hund eine Steifheit, insbesondere am Morgen. Hier kann man dem Hund durch die Auflage eines warmen Körnerkissens für die Dauer von fünf bis zehn Minuten erhebliche Erleichterung verschaffen, eventuell vorher leicht die Salbe Nr. 8 auftragen. Außerdem sollte der Hund einen weichen Schlafplatz haben, der warm und ohne Zugluft ist. Manchmal kann sogar ein orthopädisches Bettchen (erhältlich im Zoofachhandel) sinnvoll sein. Es besteht aus einer mit Schaumstoff gefüllten, meist ovalen Unterlage. Der tägliche Spaziergang sollte abhängig gemacht werden von der Belastungsfähigkeit des Hundes. Hier sollte man an die Nr. 7 denken. Auch ein wärmendes, wasserdichtes Mäntelchen für den Spaziergang im Herbst und Winter schützt den schnell frierenden älteren Hund. Wie schon unter dem Abschnitt Gelenk- und Muskelbeschwerden beschrieben (Näheres siehe dort), helfen hier die Schüßler-Salze Nr. 6, Nr. 8 und Nr. 11.

Zahnschäden

Lockere Zähne, entzündetes Zahnfleisch und Karies erschweren die Futteraufnahme und das richtige Zerkleinern der Nahrung. Entweder frisst der Hund jetzt schlecht, kaut extrem langsam, oder er spuckt Teile des Futters wieder aus. Hinzu kommt deutlicher Mundgeruch. Hier eine Mischung von Nr. 1, Nr. 2, Nr. 5 und Nr. 11 viermal

> **Tipp**
>
> *In der Praxis hat sich bei Gelenk- und Muskelsteifheit auch die Zufuhr von Glykosaminglykanen bewährt, ein Extrakt aus dem Fleisch der Neuseeländischen Muschel. Dieses recht teure, aber erfahrungsgemäß sinnvolle Präparat ist nicht mit Muschelkalk zu verwechseln.*

Zahnschäden oder Zahnschiefstellung wie in diesem Fall erschweren das richtige Zerkleinern des Futters.

am Tag verabreichen. Bei Parodontose hat sich eine Mischung aus Nr. 1, Nr. 5, Nr. 8 und Nr. 11 bewährt, die jeweils fünfmal täglich über mindestens zwei bis vier Monate hinweg verabreicht werden sollte. Durch die unzureichende und nicht genügend zerkleinerte Nahrung werden auch Magen und Darm belastet. Es kommt möglicherweise zu Erbrechen und Durchfall (siehe Seite 119).

Blasen-, Nieren- und Leberschwäche

Die verminderte Aufnahme von Vitaminen und Mineralien kann auch den Nierenstoffwechsel, die Leber und die Bauchspeicheldrüse beeinflussen. Beim älteren Hund kann es zu Blasenschwäche mit unwillkürlichem Harnabgang kommen. Die Salze Nr. 5 und Nr. 8 kommen hier zum Einsatz. Zur Stärkung der Blase vorbeugend die Nr. 1, Nr. 3, Nr. 8 und Nr. 9 geben. Eine vermehrte Wasseraufnahme kann auf eine Leber- oder Nierenerkrankung (siehe Seiten 123 und 127) sowie auf eine Zuckerkrankheit (siehe unten) hinweisen. Es hat sich gezeigt, dass beim alten Hund zur Stärkung von Leber und Niere sowie der Bauchspeicheldrüsenfunktion die Unterstützung durch die Salze Nr. 6, Nr. 8, Nr. 9 und Nr. 10 sinnvoll ist. Appetitlosigkeit, Müdigkeit und Antriebslosigkeit kann man mit der konsequenten Gabe von Nr. 3 entgegenwirken.

Arteriosklerose

Möglich ist, dass sich der alte Hund in seinem Wesen verändert. Er wirkt plötzlich ängstlicher, zeigt unvorhergesehene Aggressionen, ist unsauber und manchmal desorientiert. Ähnlich wie beim Menschen kommt es zu Arteriosklerose (Gefäßverengungen) und damit verbundenen Durchblutungsstörungen, auch des Gehirns. Man hat sogar festgestellt, dass die Alzheimerkrankheit auch bei Hunden auftritt (kognitives Dysfunktionssyndrom mit massiven Stimmungsschwankungen, Orientierungslosigkeit und Verlust über die Kontrolle von Darm und Blase). Vorbeugend kann hier die Schüßler-Gabe von Nr. 2, Nr. 3, Nr. 9 und Nr. 11 für den älteren Hund von unschätzbarem Wert sein. Diese sollte jedoch täglich und über sehr lange Zeit verabreicht werden.

Diabetes

Diese Zuckerstoffwechselerkrankung ist beim Hund nicht selten und zeigt sich in ähnlicher Symptomatik, wie wir es beim Menschen kennen. Hunde mit Diabetes haben starken Durst, urinieren sehr oft, sie sind müde und wenig belastungsfähig. Sehr häufig

Tipp

Ginkgo ist ein ideales Mittel, um die Durchblutung zu fördern und damit auch die geistige Vitalität zu erhalten – bei Mensch und Tier.

kommt es bei zuckerkranken Hunden zu Hautproblemen, früh auftretender Arteriosklerose mit Augenproblemen, aber auch zu rheumaähnlichen Gelenkerkrankungen und Nervenschäden.
Neben der Behandlung durch den Tierarzt, der die Bauchspeicheldrüsenfunktion für den Blutzuckerstoffwechsel durch Tabletten oder Insulininjektionen unterstützen muss, kann die Gabe von Schüßler-Salz Nr. 9 und Nr. 10 sinnvoll sein. Da die Tabletten Milchzucker enthalten, muss darauf geachtet werden, dass man die Salze gezielt und mit Bedacht einsetzt, um die Zuckerstoffwechselproblematik nicht noch unnötig zu belasten. Sinnvoll ist folgende Verabreichungsart, die ich bereits im Zusammenhang mit der Milchzuckerunverträglichkeit beschrieben habe – siehe Seite 25: Die Tabletten in Wasser auflösen, bis sich die Feststoffe im Glas abgesetzt haben, die darüber befindliche Flüssigkeit in einer Spritze aufziehen und dem Hund direkt ins Maul geben. Auf diese Weise vermeidet man die Milchzuckeraufnahme.

Herz -und Kreislaufprobleme

Beim alten Hund kommt es verständlicherweise eher zu Herzproblemen mit Zeichen von Atemnot, Hustenattacken nach körperlicher Belastung, Kreislaufproblemen mit schwankendem Gang bis hin zu Ohnmachtsanfällen. Auch bei jungen Hunden können diese Probleme auftreten, wobei außer den oben genannten Symptomen zusätzlich Herzrhythmusstörungen mit wechselnder Herzfrequenz festzustellen sind (durch Abtasten des Herzschlages am vorderen Brustkorb). Neben einer angepassten, fettreduzierten Nahrung, Gewichtskontrolle, der Zufuhr von ausreichend Flüssigkeit und der Kontrolle durch den Tierarzt kann man mit Schüßler-Salzen unterstützend helfen. Hier sind folgende Salze angezeigt:

> bei Herzschwäche Nr. 5, gegebenenfalls Nr. 3 und Nr. 7;
> bei zusätzlichen Ohnmachtsanfällen Nr. 8, unter Umständen zusätzlich Nr. 5 und Nr. 7;
> zur Herzmuskelkräftigung die Nr. 2;
> bei Herzrhythmusstörung Nr. 2, Nr. 5 und Nr. 7, gegebenenfalls Nr. 8;
> bei Herzerweiterung Nr. 1, eventuell Nr. 3 und Nr. 7;
> bei Herzverfettung Nr. 9, gegebenenfalls Nr. 5, Nr. 8 und Nr. 11.

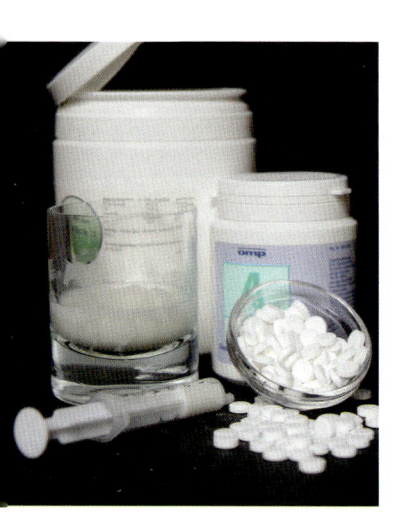

Schüßler-Salze kann man gut in Wasser auflösen und dem Hund mit einer Spritze (ohne Nadel!) ins Maul geben.

Welches Salz bei welcher Krankheit?

Erkrankungen des Bewegungsapparates
Bänderschwäche
Sie ist bei großen Hunderassen relativ häufig und äußert sich meist durch übermäßige Beweglichkeit der Gliedmaßen und Gelenke. Hunde werden „durchtrittig", das heißt, sie treten weit durch, sodass hier das Vorderfußwurzelgelenk tiefer steht. Bei kleineren Hunden kommt es zu einer „losen Kniescheibe", hier springt, bedingt durch die Bindegewebsschwäche und die damit verbundene übermäßige Dehnungsmöglichkeit der Sehnen und Bänder, die Kniescheibe immer wieder mal aus ihrer normalen Position. In diesem Fall hat sich die intensive und über einen langen Zeitraum durchgeführte Gabe von Nr. 1, Nr. 2 und Nr. 11 bewährt. Auch hier sollte eine Mischung der drei Salze erfolgen, die je nach Dosierungsanweisung mindestens drei- bis fünfmal täglich drei bis sechs Monate lang verabreicht wird.

Dackellähme
Die Ursache einer Dackellähme ist ein Bandscheibenvorfall. Nerven werden eingeklemmt und es entstehen starke Schmerzen. Besonders auffällig war diese Erkrankung bei Dackeln – daher der Name. Dackellähme kommt vorwiegend bei Hunden mit langem Rücken und kurzen Beinen vor, etwa beim Basset, Pekinesen und

> **Tipp**
>
> Mit Akupunktur und Magnetfeldtherapie lassen sich auch beim Hund Beschwerden des Bewegungsapparates lindern.

Kurzbeinige Hunderassen, beispielsweise Basset oder Pekinese, sind von Dackellähme häufiger betroffen.

Tipp

Sollten die Gelenke knacken oder knirschen, gebe man unbedingt das Salz Nr. 8. (Merke: „Wenn's kracht, die Acht!")

Spaniel oder bei der Französischen Bulldogge. Die Belastung der Wirbelsäule ist erhöht und durch einige zusätzliche Faktoren (Überlastung durch Übergewicht, vieles Treppensteigen, falsche Ernährung, aber auch Vererbung) verstärkt, was zu Veränderungen der Bandscheibe mit den bekannten Folgen führt. Meist macht sich dieser Prozess schleichend bemerkbar: So benutzt der Hund manchmal nicht mehr gern die Treppen, will nicht mehr springen, freut sich nur noch verhalten und zeigt Bewegungsschmerzen beim Gehen.

Manchmal kann das Geschehen aber auch plötzlich auftreten, ausgelöst durch eine unglückliche Bewegung des Hundes. Der Hund jault vor Schmerzen, kann sich kaum bewegen, will nicht mehr angefasst werden (vor allem nicht am Rücken) und kann dann auch durchaus aggressiv reagieren. Der Gang des Tieres ist schwankend und es kann zu unwillkürlichem Harn- und Kotabgang kommen.

Die Dramatik dieses Zustandes muss hier nicht weiter ausgeführt werden, denn das akute, sehr schmerzhafte Bild einer Dackellähme gehört umgehend in die Hand eines Tierarztes. Für die akute Situation jedoch, bis der Tierarzt aufgesucht wurde oder geholt worden ist, sollte man dem Tier alle zehn Minuten Nr. 5 und Nr. 7 verabreichen, um dem Schmerz und der Verkrampfung entgegenzuwirken. Eine vorbeugende Maßnahme gegen Dackellähme besteht darin, zusätzlich zur Vermeidung der die Krankheit begünstigenden Faktoren (siehe oben) auch die Schüßler-Salze Nr. 1, Nr. 8 und Nr. 11 zu verabreichen. Bei wiederkehrender Ausstrahlung der Schmerzen vorwiegend in die Hüften und Beine sollte man Nr. 5, Nr. 7 und Nr. 9 berücksichtigen. Je nach Ähnlichkeitszeichen (Leitsymptomen) kann man die Wirkung der entsprechenden Schüßler-Salze optimieren.

Arthrose

Bei Arthrose liegen eine übermäßige Abnutzung des Knorpels in den Gelenken und eine damit verbundene degenerative Veränderung der entsprechenden Gelenke vor. Für den bewegungsfreudigen Vierbeiner ist dies besonders bitter, da mit der degenerativen Veränderung der Gelenke bei jeder Bewegung mehr oder weniger starke Schmerzen auftreten. Besonders betroffen sind Hüftgelenk, Kniegelenk, Schulter- und Ellenbogengelenk. Beim Schäferhund kennt man die Hüftgelenkdysplasie (HD), die, wie auch andere Gelenkarthrosen, zu Bewegungsstörungen, Schmerzen, Schwanken der Hinterhand, Schwierigkeiten beim Aufstehen und einem „klammen Gang" führt. Die Schädigung des Knorpels mit der daraus resultierenden Arthrose hat viele Ursachen: Übergewicht, Stoff-

Bei Schäferhunden sollte man schon früh einer Hüftgelenksdysplasie vorbeugen.

Tipp für den Hundehalter

Entsäuern = Basis für die Gesundheit

In der ganzheitlichen Behandlung des rheumatischen Formenkreises beim Menschen wird vor allem auf einen gesunden Säure-Basen-Haushalt des Organismus geachtet. Jede Übersäuerung belastet den menschlichen Körper und führt letztlich zur Entwicklung vieler unterschiedlicher Symptome des rheumatischen Formenkreises wie Schmerzen in den Gelenken, Arthritis, Arthrose sowie Bänder- und Sehnenentzündungen. Eine wirksame Möglichkeit, den Säure-Basen-Haushalt im Körper zu regulieren und alle anderen Maßnahmen gegen rheumatische Beschwerden zu unterstützen, sind die Salze Nr. 5, Nr. 8, Nr. 9 und Nr. 10. Erfahrungsgemäß sollten die Salze Nr. 8, Nr. 9 und Nr. 10 in Form von je ein bis zwei Tabletten täglich ein- oder zweimal eingenommen werden. Sinnvoll ist dies morgens und abends, während die Einnahme von täglich zwei bis vier Tabletten der Nr. 5 möglichst bis 15:00 Uhr erfolgen sollte.

Erkrankungen des Bewegungsapparates

> **Tipp für den Hundehalter**
>
> **Wenn der Spaziergang zur Qual wird**
>
> *Eine häufig vorkommende Problematik ist der sogenannte „Hexenschuss". Hier helfen Ihnen die Schüßler-Salze Nr. 3, Nr. 7, Nr. 9 und Nr. 11. Aus den genannten Salzen eine Mischung herstellen und hiervon stündlich zwei bis drei Tabletten über den Tag verteilt langsam im Mund zergehen lassen. Die Salbe Nr. 5 und Nr. 7 im Wechsel morgens und abends einreiben und die Wirkung durch eine aufgelegte Wärmflasche oder ein warmes Körnerkissen unterstützen.*

Wenn der Organismus von innen heraus gesund ist, verursacht Feuchtigkeit keine rheumatischen Probleme.

wechselstörungen, Überlastung durch Training, aber auch Vererbung und anderes mehr. Die begleitende Behandlung mit Schüßler-Salzen muss sich daher auch nach dem Beschwerdebild der einzelnen Salze richten. Generell sollte man aber auf die tägliche Gabe von Nr. 1, Nr. 2, Nr. 8 und Nr. 11 nicht verzichten.

Bei Schmerzen aufgrund eines Wetterwechsels sollte man immer auch an die Nr. 9 denken. Vorbeugend wirken beim jungen Hund die schon beschriebenen Maßnahmen unter Berücksichtigung der Schüßler-Salze-Gabe von Nr. 1, Nr. 2, Nr. 3 und Nr. 11.

Muskelentzündung

Auch diese Erkrankung tritt häufig beim Schäferhund auf, kann aber auch andere bewegungsfreudige Hunde befallen. Man vermutet als Ursache eine Störung im Abwehrsystem. Hierbei kommt es zu starken Verspannungen und Schmerzen in begrenzten Muskelpartien, meist in der Rücken- und Lendenwirbelmuskulatur, mit starken Schmerzen bei jeder Bewegung. Manchmal kommt es auch zu Schwankungen in der Hinterhand. Eine Überlastung des Hundes durch unverhältnismäßigen sportlichen Einsatz mit nachfolgenden Muskelverkrampfungen, starkem Muskelkater und Bewegungseinschränkungen ist mit der Muskelentzündung nicht zu verwechseln. Während bei der Muskelentzündung die Nr. 3, Nr. 4 und Nr. 6 gegeben werden und der Schmerzempfindung mit Nr. 5 und Nr. 7 begegnet werden kann, brauchen die akuten Muskelbeschwerden durch Überlastung lediglich die baldige Zufuhr einer erhöhten Dosis des Salzes Nr. 7 und die begleitende Gabe einer normalen Dosis von Nr. 5. Als „Joker" sollte jedoch bei beiden Beschwerdebildern, trotz unterschiedlicher Ursache und Auswirkung, unbedingt die kontinuierliche Zusatzgabe von Nr. 12 erfolgen.

Tipp für den Hundehalter

Das hilft bei akutem und chronischem Rheuma

Im akuten Fall hilft vor allem das Salz Nr. 3. Es ist besonders wichtig, dieses Salz von Beginn an alle 30 Minuten in einer Dosierung von mindestens ein bis zwei Tabletten für ein bis zwei Tage einzunehmen. Nach zwei Tagen sollte man zur normalen Dosis zurückkehren und gegebenenfalls das Salz Nr. 8 bei knackenden oder geschwollenen Gelenken hinzufügen.
Bei chronischen Gelenkbeschwerden oder Gelenkrheuma hat sich eine Mischung aus Nr. 3, Nr. 4, Nr. 8 und Nr. 11 bewährt. Bei Muskelrheuma sollte man an die Nr. 6, Nr. 7 und Nr. 11 denken.

Erkrankungen des Bewegungsapparates

Erkrankungen und Verletzungen der Ohren
Gehörgangsentzündung

Sehr häufig tritt beim Hund eine Entzündung des äußeren Gehörgangs auf, die sich durch häufiges Kratzen und Jucken an den Ohren, Schiefhaltung und vermehrtes Schütteln des Kopfes, durch schmierigen Belag im Ohr und manchmal auch als Berührungsempfindlichkeit bemerkbar macht. Hier sind oft Milben, Bakterien oder Pilze die Ursache.

Für die vorsichtige Reinigung des äußeren Gehörgangs hat sich abgekochtes Wasser mit einem mineralischen Zusatz bewährt. Die Firma Starfit hat in ihrem Sortiment ein Produkt mit dem Namen „Basenbad", das Mineralstoffverbindungen enthält. Man vermischt davon einen Esslöffel mit etwa einem Liter abgekochtem lauwarmen Wasser. Ein mit dieser Mischung getränktes sauberes Tuch oder ein Schwamm wird zum Reinigen der Ohren verwendet. Anschließend wird behutsam (vielleicht unter Verwendung von Wattestäbchen oder kleinen, nicht fusselnden Wattebauschen) die Mineralstoffsalbe Nr. 3 auf die Haut des äußeren Gehörgangs aufgetragen und verteilt.

Grundsätzlich sollte gleichzeitig zur inneren Anwendung die Gabe von Nr. 3 und Nr. 11 erfolgen, wobei je nach Beschwerdebild andere Schüßler-Salze hinzugefügt werden sollten. So zum Beispiel Nr. 7 bei starkem Juckreiz, aber auch die Nr. 9, Nr. 8 bei eitrigen Hautabsonderungen, Nr. 4 und Nr. 6 bei allen chronisch auftretenden Entzündungen. Die Nr. 6 und Nr. 9 sind einsetzbar bei zu viel Ohrenschmalz.

Ohrverletzungen

Zu Wunden, Rissen und Abschürfungen am Ohr kommt es häufig beim Tollen mit anderen Hunden, beim Spielen im Gestrüpp oder beim Verstecken im Unterholz. Kleinere Wunden mit der genannten Basensalz-Wasser-Mischung auswaschen, desinfizieren und eine entsprechende Salbe auftragen, beispielsweise Salbe Nr. 3, bei Schwellung die Nr. 8 und auch an Nr. 11 denken.

Die innere Gabe von Salz Nr. 3 ist dann ebenfalls sinnvoll und wird je nach Zustand zunächst sehr häufig (bis zu dreimal stündlich, über drei Stunden hinweg), dann mehrmals am Tag und anschließend nochmals über zwei Tage hinweg vielleicht dreimal täglich fortgeführt.

Achtung

Bei Anwendung eines Basenbades sollte man sehr vorsichtig sein und nicht zu viel Flüssigkeit verwenden – diese darf nicht in den inneren Gehörgang fließen!

Wunden und Verletzungen

Grundsätzlich sollte eine große Wunde von einem veterinärmedizinischen Fachmann behandelt werden, zudem sind umgehend alle Maßnahmen zur sofortigen Wundversorgung, Blutstillung und Beruhigung des Hundes vorzunehmen. Handelt es sich gar um einen Unfall, sollte man die im Folgenden beschriebenen Erste-Hilfe-Maßnahmen für das Tier durchführen. Ist es möglich, dem Tier unbedenklich etwas zu verabreichen, kann auch die Schüßler-Salz-Gabe sinnvoll sein.

Das „Erste-Hilfe-Programm" bei einem Unfall

Ist der Hund bewusstlos, sollten Blockierungen der Atemwege beseitigt werden, um eine freie Atmung zu gewährleisten. Die Zunge wird dabei vorsichtig leicht herausgezogen und kann zwischen die Zähne gelegt werden. Ist der Hund bei Bewusstsein, muss er vorsichtig untersucht werden. Stellt man eine pulsierende Blutung aus der Arterie fest, muss sie gestoppt werden. Hierzu wird die Wunde mit einem sauberen Tuch abgedrückt und durch einen Druckverband, wenn möglich, fixiert. Solche Wunden werden heute nicht mehr abgebunden, da es dadurch zu Veränderungen im Gewebe kommen kann, was zu Gewebsschäden mit daraus resultierenden Erkrankungen und Bewegungseinschränkungen führt. Sofern der Hund bei Bewusstsein ist, ist hier die Gabe von Schüßler-Salz Nr. 3 sinnvoll, und zwar in einem Abstand von 15 Minuten in der jeweils doppelten Menge der empfohlenen Normaldosis. Beachten Sie bei einem Unfall auch die Gemütslage des Hundes. Kommt es zu ungewöhnlichem Verhalten wie Knurren, Unruhe, Umherlaufen oder Ähnlichem, kann es sich um einen Schock handeln. Hier ist eine Mischung von Nr. 2, Nr. 3, Nr. 5 und Nr. 7, gegebenenfalls noch von Nr. 8, jeweils alle 15 Minuten in der doppelten Normaldosis zu verabreichen, bis der Tierarzt die Versorgung übernommen hat.
Für den Transport wird der Hund in eine Decke gehüllt, falls er nicht selbst laufen kann. Vermutet man Wirbel- oder Gelenkverletzungen, sollte eine stabile Unterlage zu Hilfe genommen werden. Bei alledem muss unbedingt Ruhe bewahrt werden, um dem Tier weiteren Stress zu ersparen.

Kleine Wunden und Verletzungen

Um ein unnötiges Belecken der kleineren Wunden zu vermeiden, ist es sinnvoll, die Wunden abzudecken. Zunächst sollte eine saubere

> **Tipp für den Hundehalter**
>
> *Bewahren Sie bei der Erstversorgung Ihres Hundes Ruhe und nehmen Sie selbst sofort fünf bis acht Tabletten des Salzes Nr. 5 (Nervensalz) ein, danach alle 15 Minuten zwei bis drei Tabletten.*

Wundversorgung vorgenommen werden. Hierzu wird zunächst, wenn nötig, eine Wundreinigung vorgenommen. Man kann abgekochtes Wasser verwenden, aber auch eine Kamille- oder Calendulatinktur, die vorher unbedingt verdünnt werden muss. Anschließend wird auf ein möglichst steriles Mulltuch ein Streifen Schüßler-Salz-Salbe Nr. 3 und Nr. 4 gegeben, dieses auf die Wunde aufgebracht und, wenn möglich, verbunden oder durch ein größeres Pflaster fixiert. Den Hund unbedingt beobachten, damit er nicht den Verband oder das Pflaster selbst entfernt. Der Hund erhält als erste Behandlung für ein bis zwei Stunden jeweils alle 15 bis 30 Minuten die entsprechende Tagesdosis des Schüßler-Salzes Nr. 3. Nach einigen Stunden kehrt man zur Normaldosis zurück.

Sollten Gelenkschwellungen auftreten, sind die Nr. 4 und die Nr. 8 angezeigt. Sind die ersten zwei bis drei Stunden gut überstanden, wird die Dosis reduziert auf vier- bis fünfmal täglich.

Zur Förderung der Wundheilung hat sich eine Mischung aus Nr. 3, Nr. 9 und Nr. 11 bewährt, die bei Schwellung noch mit Nr. 4 und Nr. 8 komplettiert werden kann und dann vier- bis fünfmal täglich in der entsprechenden Tagesdosis verabreicht wird. Hier kann auch die örtliche Behandlung mit Salbe Nr. 8 oder mit kühlenden Umschlägen in Verbindung mit der Salbe Nr. 8 erfolgen.

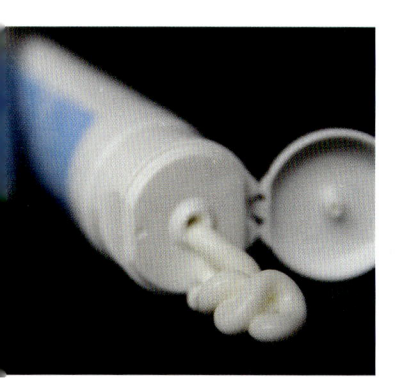

Für die Nachbehandlung der Narben eignen sich Schüßler-Salze in Salbenform.

Schüßler-Salze zur Unterstützung der Wundheilung	
Schlecht heilende Wunden	Nr. 1, Nr. 6, Nr. 11
	und als Joker die Nr. 12
Chronische Wunden	Nr. 1, Nr. 6, Nr. 8, Nr. 11
Quetschungen	Nr. 1, Nr. 2, Nr. 5, Nr. 8
Blutergüsse	Nr. 1, Nr. 3, Nr. 4, Nr. 11
Wundeiterung	Nr. 10, Nr. 11, als Joker die Nr. 12

Sind die Wunden verheilt, kann man zur Narbenpflege die Salbe Nr. 1 auftragen und gleichzeitig auch Salz Nr. 1 für ein bis zwei Wochen in entsprechender Normaldosis verabreichen. Narben, die sich verändern oder gar sogenannte „Wülste" bilden, sollten mit der Salbe Nr. 11 behandelt werden. Narbenverhärtungen lassen sich mit einem Salbengemisch von Nr. 1 und Nr. 11 behandeln. Bitte immer gleichzeitig die Tabletten derselben Salze auch über das Maul verabreichen.

Probleme des Verdauungstraktes
Erbrechen, Durchfall, Verstopfung

Erbrechen, Durchfall oder eine Verstopfung sind Probleme, die im Leben eines Hundes recht häufig vorkommen. Manchmal sind sie nur Begleiterscheinungen einer anderen, möglicherweise ernsten Erkrankung, manchmal lassen sie sich auch auf einen Fütterungsfehler zurückführen, auf eine Allergie gegen die unterschiedlichsten Stoffe im Futter, auf Lebensmittelreste (hochprozentige kakaohaltige Schokolade) oder auf unbeaufsichtigt aufgenommene Medikamente. Möglicherweise hat der Hund in freier Natur unverträgliche Substanzen wie beispielsweise Aas aufgenommen.

Es gibt auch Hunde, die gerne Nüsse, Äpfel oder Birnen essen. Auch dies kann den Magen-Darm-Trakt derart reizen, dass es zu voluminösem Erbrechen und starkem Durchfall kommen kann, meist verbunden mit schmerzhaften, übel riechenden Blähungen. Hier kann die Nr. 7 zum Einsatz kommen, um kolikartige Schmerzen und Blähungen zu lindern.

Werden Medikamente oder Impfungen nicht vertragen und kommt es hierbei zu Erbrechen und Durchfall, können zur Entlastung der Leber und zur allgemeinen Entgiftung und Entschlackung die Salze Nr. 6, Nr. 9 und Nr. 10 schon während der akuten Phase und vor allem für längere Zeit danach zum Einsatz kommen. Eine Mischung der Schüßler-Salze Nr. 5 und Nr. 8 hat sich auch nach Behandlungen von Vergiftungen mit Herbiziden oder Insektiziden bewährt.

> **Tipp**
>
> *Verlangen nach Süßem weist häufig auf eine Übersäuerung des Organismus hin. Hier empfiehlt sich das Salz Nr. 9 zur Entsäuerung.*

Herbizide, die in der Landwirtschaft eingesetzt werden, können Vergiftungserscheinungen hervorrufen.

> **Tipp**
>
> *So vermeiden Sie Reisekrankheit bei Ihrem Hund*
>
> Manche Hunde leiden unter Reisekrankheit. In der für sie stressigen Situation reagieren sie mit Übelkeit, Erbrechen und Durchfall oder mit panischen Verhaltensweisen. Geben Sie Ihrem Hund ein paar Tage vor der Abreise eine entsprechende Dosis der Salze Nr. 3, Nr. 5 und Nr. 12. Einige Stunden vor der Abreise und kurz vorher erhält der Hund die doppelte Menge der empfohlenen Dosis von Nr. 7. Dies kann dann mit weiteren Tabletten der Nr. 7 während der Fahrt fortgesetzt werden. Vor der Fahrt den Hund keinesfalls füttern, jedoch sollte er genügend Flüssigkeit während der Fahrt aufnehmen können und es sollten ausreichend Pausen zur Darm- und Harnentleerung eingelegt werden.

Hierbei ist es ratsam, das sogenannte biochemische Antiseptikum Nr. 5 direkt und in zeitlich kürzerer Abfolge zu verabreichen. Nr. 5 wird im Wechsel mit Nr. 8 angewendet zur Unterstützung der Entgiftung von Fäulnis- und Ermüdungsgiften sowie für den Neuaufbau des Gewebes.

Es ist natürlich entscheidend, dass die jeweilige Ursache für Verstopfung, Durchfall und Erbrechen abgeklärt wird, denn nur so können Sie sichergehen, dass keine ernstliche Krankheit, die in die Hände des veterinärmedizinischen Fachmanns gehört (etwa Staupe, Leptospirose, akute Salmonellen), übersehen wird. Auch wenn der Hund Fremdkörper wie beispielsweise Knochen, Metallteile oder Sand verschluckt hat und es zu einer Reizung des Magen-Darm-Traktes mit Erbrechen und Durchfall kommt, sollte eine veterinärmedizinische Abklärung erfolgen.

Magenschleimhautentzündung

Hunde haben einen ausgeprägten Würgereflex, der bei Aufregung, maßlosem Fressen, unverträglichem Futter oder nach Medikamentenverabreichung schnell ausgelöst werden kann. Der Hundemagen wird dadurch entlastet und meistens ist das Problem nach ein- bis zweimaligem Erbrechen behoben. Einige Hunde leiden jedoch unter ernstlicheren Problemen des Magen-Darm-Traktes. Einer der häufigsten primären Auslöser einer Magenschleimhautentzün-

> **Achtung**
>
> Bedenken Sie, dass Antiflohmittel, Zecken- und Milbenmittel bei unsachgemäßer Handhabung sehr giftig sein und beim Hund zu Erbrechen und Durchfall führen können.

dung ist die unmäßige und hastige Futteraufnahme. Ungenügendes Kauen, also das Hinunterschlingen des Futters, aber auch Zahnschäden und damit unzureichendes Zerkleinern des Futters belasten und reizen Magen und Magenschleimhaut stark und führen schließlich zu einer Entzündung. Diese wird häufig auch durch Aufnahme von zu kaltem Wasser oder durch Schneefressen ausgelöst. In diesen Fällen ist anzuraten, den Hund in seinem Fressverhalten zu trainieren, indem man ihm etwa die tägliche Ration in kleineren Portionen verabreicht und stets viel frisches, aber nicht zu kaltes Wasser anbietet.

Beim Welpen kann es durch Futterumstellung zu einer Magenbelastung kommen, die sich auch in Erbrechen und Durchfall zeigt. Die Futterumstellung sollte daher sehr vorsichtig erfolgen. Grundsätzlich sind bei einer Magenschleimhautentzündung einige Fastentage von Vorteil, wobei dem Hund stets genügend frisches Wasser zur Verfügung stehen muss. Bei Futterumstellung des Welpen kann dieser durch die Schüßler-Salze Nr. 3, Nr. 6 und Nr. 8 unterstützt werden. Sind jedoch bereits Erbrechen und Durchfall vorhanden, hat sich die Salzkombination von Nr. 3, Nr. 4 und Nr. 8 bewährt. Bitte beachten Sie dabei unbedingt die angegebene Dosisempfehlung für Welpen (siehe Seite 28). Um die möglichen Nebenwirkungen von Laktose bei Magen-Darm-Problemen zu umgehen, ist es sinnvoll, die seit Kurzem im Handel befindlichen Globuli zu verwenden (1 Tablette = 5 Globuli).

> **Tipp**
>
> *Die gierige Aufnahme des Futters könnte auch durch Futterneid verursacht sein, sodass das gemeinsame Füttern mehrerer Hunde in diesem Fall vermieden werden sollte.*

Bei sehr kleinen Hunden ist Brechdurchfall mit hohem Flüssigkeits- und Elektrolytverlust verbunden. Hier muss der Tierarzt zurate gezogen werden!

Probleme des Verdauungstraktes

In akuten Zuständen kann die Dosis auch kurzzeitig erhöht werden. Bei Krämpfen, Schmerzen und Koliken hat sich der Einsatz der Nr. 7 bewährt. Hier wird kurzfristig eine höhere Dosis Nr. 7 verabreicht. Dies kann dann in einem Abstand von ein bis zwei Stunden wiederholt werden, was durch die entspannende Wirkung meist zu einer deutlichen Linderung der krampfartigen Beschwerden führt. Je nach Größe des Hundes ist eine Direktgabe von drei bis zu 20 Tabletten (bei großen Hunden) durchaus angebracht.

Jede Futterumstellung kann bei empfindlichen Hunden zu einer Magenschleimhautentzündung führen, wobei natürlich auch die nervliche Situation des Hundes Beachtung finden muss. Heute gibt es sehr viele Hunde, die allein schon aufgrund ihres empfindlichen Nervensystems zu einer Überreizung der Magenschleimhaut neigen und daher relativ schnell mit Erbrechen und Durchfall reagieren.

Mineralsalze von Dr. Schüßler können auch gestressten Tieren helfen und sowohl vorbeugend als auch zur Unterstützung bei Magenschleimhautentzündung eingesetzt werden. In der folgenden Übersicht werden die psychischen Merkmale des Hundes, die zu einer Magenschleimhautentzündung und daraus resultierenden Verdauungsproblemen führen können, sowie die ihnen entsprechenden Charakteristika der einzelnen Schüßler-Salze stichpunktartig beschrieben. Dadurch wird dem Hundehalter die Möglichkeit gegeben, die Salze sowohl vorbeugend als auch beim akuten Auftreten von Erbrechen und Durchfall in differenzierter Weise einzusetzen:

> Nr. 1: Unsicherer, wehleidiger Hund, kein Selbstvertrauen, untergewichtig und schlank. Erbricht unmittelbar nach dem Fressen.
> Nr. 2: Panische Verhaltensweisen (treten häufig bei jungen Hunden auf), der Hund schlingt sein Futter, übermäßige Fressattacken.
> Nr. 3: Sensibler, sehr liebebedürftiger, ängstlicher Hund; erbricht öfter nach Nahrungsaufnahme, reagiert häufig mit Brechdurchfall.
> Nr. 4: Reizbar bis aggressiv, ansonsten träge und lustlos. Verdauungsstörungen treten häufig infolge Magensäuremangels auf. Appetitverlust.
> Nr. 5: Einsetzbar bei allen nervlichen Überlastungen von übernervös und schreckhaft bis antriebs- und teilnahmslos sowie bei leicht überanstrengtem Hund. Meist tritt das Erbrechen auch

---

Tipp

Stress führt zu enormen Belastungen für den Hundeorganismus – viel Auslauf, angepasste Futtermengen, ausreichend Wasser und die passenden Schüßler-Salze helfen dabei, Stress abzubauen.

Sensiblen Hunden hilft Salz Nr. 3.

nach psychischer und physischer Belastung auf und es folgt Durchfall. (Hier fressen die Hunde Schnee, mögen Süßes, lassen frisches Wasser stehen.)
> Nr. 6: Angstbeißer, Mitläufer, unsicher und eigensinnig. Zeigt nach Nahrungsaufnahme gewölbten Bauch mit Blähungen und krampfartigen Schmerzen. Kann nach Aufregung auch erbrechen.
> Nr. 7: Das Krampfmittel. Hysterisches Verhalten des Hundes, bei allen schmerzhaften Blähungen, Krämpfen und Koliken, bei aufgeblähtem, empfindlichem Bauch.
> Nr. 8: Schnell beleidigt und nachtragend, eigenbrötlerisch, mit wenig Selbstvertrauen. Unzufrieden. Der Hund magert ab, obwohl er frisst. Er verträgt kein Fett, hat großen Durst, säuerlichen Mundgeruch und neigt zu Erbrechen und wässrigem Durchfall.
> Nr. 9: Meist übergewichtig, missmutig und stur. Bettelt ständig und ist ein Nimmersatt. Neigt dazu, sich zu überfressen und dann zu erbrechen. Sauer riechende Blähungen und schaumiger Durchfall oder Verstopfung mit Koliken.
> Nr. 10: Antriebsloses, jedoch ängstliches, reizbares Tier, kann impulsiv wütend reagieren. Kann sowohl sehr schlank als auch übergewichtig sein. Auffallend ist andauerndes Zittern. Erbrechen und gussartiger wässriger Durchfall mit anschließendem Durst. Viele Blähungen mit unwillkürlichem Stuhlabgang. Bauchgeräusche. Es können aber auch Verstopfungen auftreten.

Info

Je nach Charakter des Hundes können sich Verdauungsprobleme sehr unterschiedlich bemerkbar machen.

Probleme des Verdauungstraktes

> Nr. 11: Übernervöser, sensibler Hund, reagiert mit großer Angst auf Lärm und Geräusch. Wählerisch im Futter, neigt zu Erbrechen und Durchfall.
> Nr. 12: Braucht sehr viel Aufmerksamkeit und ist der hyperaktive Hund mit wechselnder Stimmungslage. Neigt durch seinen Aufmerksamkeitsbedarf und seine Verlassensangst zu allerhand unerträglichen Verhaltensweisen wie plötzlich wieder auftretendem Kotabsetzen und Urinieren in der Wohnung, hat Zerstörungswut, bellt unentwegt (auch nachts), kann sich selbst vorsätzlich verletzen und auch lieb gewonnene Spielkameraden angreifen. Diese Hunde neigen dann schnell zu Verdauungsstörungen, Magenschleimhautentzündungen mit Erbrechen.

Leber- und Gallenerkrankungen

Bei Erkrankungen von Leber, Galle und Bauchspeicheldrüse sind Symptome des Verdauungstraktes als sekundäres Beschwerdebild immer mit einzubeziehen. Leber- und Gallenprobleme treten beim Hund häufiger auf und können etwa durch Infektionen (Viren, Bakterien, Parasiten) ausgelöst werden. Hier ist an die Gabe von Nr. 3 als erstem Entzündungsmittel zu denken. Mögliche Ursachen sind auch Gallestau infolge zu fettreicher Ernährung oder Fettleber oder die Aufnahme von Medikamenten und Giftstoffen.

Leber- und Gallenprobleme können sich zunächst durch Appetitlosigkeit, Müdigkeit und Leistungsabfall zeigen, gefolgt von Erbrechen, Durchfall und Verstopfung. Im weiteren Verlauf magern die Hunde ab, es kommt vermehrt zu Hautveränderungen bis hin zu Ekzemen mit starkem Juckreiz sowie zu entfärbtem Stuhl und dunklem Urin. Manchmal stellt man auch gelbliche Verfärbungen der Schleimhäute fest.

Die Funktion der Leber kann in erster Linie durch eine konsequente Gabe der Nr. 6 unterstützt werden. Zusätzlich, zur Entgiftung und Entschlackung, ist eine Mischung von Nr. 9 und Nr. 10 ratsam. Bei fettig glänzendem und voluminösem Stuhl und bei Wechsel von Durchfall und Verstopfung muss an eine Bauchspeicheldrüsenproblematik gedacht werden. Hier haben sich unterstützend die Nr. 6, Nr. 7 und Nr. 10 bewährt. Die Bauchspeicheldrüse hat auch eine wichtige Funktion für den Zuckerstoffwechsel. Bei einer Zuckerkrankheit sind die Mineralsalze Nr. 5, Nr. 7, Nr. 8 und Nr. 10 sinnvoll. Bei übergroßer Aufnahme von Wasser, entsprechend vermehrter Harnausscheidung und übermäßigem Appetit ist unbedingt zu einem Blutzuckertest zu raten.

Eine Erkrankung der Bauchspeicheldrüse macht sich oft in übergroßem Durst bemerkbar.

Schüßler-Salze für meinen Hund

Salz und eingesetzte Potenz		Psychische Merkmale	Kurzbeschreibung und Haupteinsatzgebiete
Nr. 1	Calcium fluoratum (Kalziumfluorid) D12	Unsicher, ängstlich, zaghaft, unterwürfig gegenüber Artgenossen.	**Wachstumsmittel:** allgemein für junge Hunde; Arthrose, Arthritis, Risse, Schwielen, Karies; muss über lange Zeit hinweg verabreicht werden.
Nr. 2	Calcium phosphoricum (Kalziumphosphat) D6	Panisch, ungehorsam, verweigert entweder Leistung total oder ist übermotiviert.	**Ausbildungsmittel:** Abwehrstärkung, körperliche und nervöse Erschöpfung.
Nr. 3	Ferrum phosphoricum (Eisenphosphat) D12	Das „Sensibelchen" – schnell beleidigt, braucht viel Aufmerksamkeit.	**Leistungs- und Erste-Hilfe-Mittel:** Fieber, akute Entzündungen, Anämie.
Nr. 4	Kalium chloratum (Kaliumchlorid) D6	Umgänglich, neigt jedoch zu unerwarteten Reaktionen. Fixiert sich stark auf einen Menschen oder Gegenstand.	**Schleimhautmittel:** Entgiftung, Drüsenschwellungen, Schleimhaut- und Gelenksentzündungen; Mittel für die 2. Stufe einer Entzündung.
Nr. 5	Kalium phosphoricum (Kaliumphosphat) D6	Nervös, hektisch, unkonzentriert, gesteigerter Sexualtrieb.	**Nerven- und Muskelmittel:** Fieber, Antiseptikum; allgemein bei psychischen Störungen; *das* Mittel für Zuchtausstellungen und Turniere.

	(Kaliumsulfat)		bereits früh Anzeichen von Alterung, Platzangst. 3. (= chronische) Stute einer Entzundung.
Nr. 7	Magnesium phosphoricum (Magnesiumphosphat)	D6	**Krampfmittel:** Koliken, Hautjucken; Lampenfieber-Salz – wirkt entspannend und beruhigend.
			Krampfneigung, erhöhte Schmerzempfindlichkeit, Unruhe, Erregung bis zu Hysterie.
Nr. 8	Natrium chloratum (Natriumchlorid)	D6	**Wasserhaushaltsmittel:** Knacken der Gelenke, Wasseransammlungen, trockene Haut und Schleimhäute.
			Eigenbrötlerisch, mürrisch, wehleidig, mag keine Veränderung, „Elefantengedächtnis".
Nr. 9	Natrium phosphoricum (Natriumphosphat)	D6	**Entsäuerungsmittel:** Gelenkrheumatismus, Mattigkeit, verminderter Geschlechtstrieb, Steinbildung.
			Ausgeglichen, willig, wird jedoch bei Anforderung schnell bockig, stur und dickköpfig. Nicht satt zu bekommen.
Nr. 10	Natrium sulfuricum (Natriumsulfat)	D6	**Entgiftungs- und Ausscheidungsmittel:** Übergewicht, Diabetes, Verstopfung, Durchfall, Blasen- und Nierenbeschwerden.
			Übergewichtig, faul, erscheint gutmütig, kann jedoch cholerisch reagieren. Isst draußen gern Kräuter mit Bitterstoffen, z.B. Löwenzahn.
Nr. 11	Silicea (Kieselsäure)	D12	**Verjüngungsmittel:** chronische Gelenkprobleme, Stärkung des Bindegewebes, für Haut, Haare und Nerven.
			Die „Diva" – zart, sehr schmerz- und kälteempfindlich (zittert schnell), übernervös, neigt dazu, sich zu überfordern, intelligent.
Nr. 12	Calcium sulfuricum (Kalziumsulfat)	D6	**Reinigungsmittel und „Salzjoker":** eitrige Prozesse, chronische rheumatische Probleme.
			Hyperaktiv, unberechenbar, heftige Reaktionen, „klebt" regelrecht an seinen Spielpartnern.

Erkrankungen des Harnapparates
Blasenentzündung

Die Niere, das Entgiftungsorgan harnpflichtiger Stoffe, ist auch beteiligt an der Regulierung des Wasserhaushaltes und der Herstellung wichtiger Hormone. Die Niere filtert das Blut und der Harn wird über Nierenbecken, Harnleiter, Blase und Harnröhre ausgeschieden. Bei Hündinnen treten häufiger Blasenentzündungen auf, weil in die im Verhältnis zum Rüden kürzere Harnröhre leichter Bakterien eindringen können, die dann in der Blase eine Entzündung hervorrufen.

Hat der Hund sich verkühlt, etwa lange auf kalten Steinen gelegen, war er durchnässt oder extrem kalter Luft ausgesetzt, kann sich die Blasenentzündung wie folgt zeigen: mehrfaches Absetzen des Urins in kleinen Mengen, manchmal nur in kleinen Tropfen, eventuell mit Blut vermischt. Der Hund verliert überall Urin, da er ihn nicht mehr halten kann. Gelegentlich kann es auch zu Temperaturanstieg kommen und zu Berührungsempfindlichkeit im Blasenbereich. Das Allgemeinbefinden des Hundes muss nicht unbedingt jetzt schon deutlich eingeschränkt sein. Hier ist der sofortige Einsatz von Schüßler-Salz Nr. 3 angezeigt. Im akuten Fall kann die Häufigkeit der

Dauerndes Liegen auf kalten Steinböden kann zu Blasenentzündungen führen.

Achtung – Futter mit zu hohem Magnesiumgehalt begünstigt das Entstehen von Nierensteinen und -grieß.

> **Info**
>
> *Zusatzstoffe im Futter können den pH-Wert des Harns so verändern, dass die harnpflichtigen Stoffe als Grieß ausfallen und eine Steinbildung erfolgt.*

entsprechenden Dosis in den ersten Tagen verdoppelt werden. Zusätzlich verabreicht man die Nr. 8 und die Nr. 7. Kommt es häufiger zu entzündlichen Erscheinungen, ist zur Blasenstärkung die vorsorgliche Gabe einer Mischung von Nr. 1, Nr. 3, Nr. 8 und Nr. 9 über einen längeren Zeitraum hinweg sinnvoll.

Blasenentzündungen können aber auch durch Grieß- und Steinbildung entstehen, die eine Entleerung des Harns verhindern und damit Bakterien einen idealen Nährboden verschaffen. Die Grieß- und Steinbildung hat mehrere Ursachen. So kann etwa ein zu hoher Magnesiumgehalt im Futter die Ursache sein.

Die Steinbildung kann aber auch durch eine Entzündung der Niere und Blase hervorgerufen worden sein. Erbliche Anlagen spielen hier ebenso eine Rolle. Die Symptome ähneln denen der Blasenentzündung. Kommt es zu einer Verlegung der Harnleiter oder Harnröhre, versucht der Hund vergeblich, Harn abzulassen, oder es gelingt ihm nur unter starken Schmerzen. Der Harn ist oft blutig und der Leib aufgetrieben. Im Extremfall muss natürlich der Tierarzt aufgesucht werden. Unterstützend wirken hier das Salz Nr. 7 (bei Nierenkolik in kurzen Abständen bei erhöhter Dosierung) sowie eine Mischung aus Nr. 2, Nr. 9 und Nr. 11.

Nierenentzündungen

Sie entstehen gelegentlich aufgrund eines Nierensteins, der die Harnwege verlegt und den Harn in die Niere zurückstaut. Viel häufiger jedoch wird die Nierenentzündung durch eine Unterkühlung verursacht, in einigen Fällen auch durch Medikamente und Giftstoffe. Hier sollte mit Schüßler-Salzen nur unterstützend gearbeitet werden, denn diese Erkrankung gehört in die Hände des veterinärmedizinischen Fachmanns. Angezeigt sind dabei Salz Nr. 3 (im akuten Fall mehrmals stündlich verabreichen) und eine Mischung aus Nr. 8 und Nr. 9. Bei chronischen Nierenentzündungen die Mischung aus Nr. 3, Nr. 6, Nr. 8, Nr. 9; gegebenenfalls auch Nr. 10 und als Joker dreimal wöchentlich die Nr. 12 separat verabreichen.

Störungen des Geschlechtsapparates
Penis und Vorhaut

Beim Rüden kommt es nicht selten zu einer Entzündung des Penis und der Vorhaut. Ohne Belastung des Allgemeinbefindens tröpfelt aus der Vorhautöffnung gelbliches bis grünliches Sekret. Dies ist vom Hund nicht beeinflussbar und daher sehr unangenehm. Die Entzündung kann bereits beim jungen Hund vorkommen und leicht chronisch werden. Die häufigste Ursache sind Infektionen oder Verletzungen. Die Zusatzbehandlung mit Schüßler-Salzen ist wie folgt empfehlenswert: Nr. 3, Nr. 4 und Nr. 9 mischen und mehrmals täglich verabreichen. Dazu die Nr. 12 drei- bis viermal wöchentlich einmalig als Tagesdosis wählen. Als Spülung empfehle ich die in abgekochtem Wasser aufgelösten Salze Nr. 3 und Nr. 10, eventuell auch die Verwendung der Salbe Nr. 10.

> **Tipp**
>
> *Um chronischen Entzündungen des männlichen Genitals vorzubeugen, helfen die Salze Nr. 3, Nr. 4, Nr. 9 und Nr. 10.*

Gesteigerter Geschlechtstrieb

Ausgelöst wird dieser häufig durch Stressfaktoren, aber auch bei hormonellen Störungen. Die Tiere haben einen übersteigerten Hang zu geschlechtlichen Aktivitäten wie etwa Aufreiten am Bein. Hier treten beide Geschlechter in Erscheinung, wobei der Rüde meist noch durch Streunen und übertriebene Harnabsetzung, sogenanntes Markieren, auffällt. In dieser Situation kann die Nr. 7 sowohl für die Hündin als auch für den Rüden eingesetzt werden. Sinnvoll wäre noch die Gabe von Nr. 8 und eventuell zusätzlich von Nr. 1 und Nr. 2.

Scheinträchtigkeit

Hierbei zeigt die Hündin etwa sechs bis acht Wochen nach der Läufigkeit ein Anschwellen des Gesäuges mit Milchsekretion und alle

Anzeichen mütterlichen Verhaltens. Beispielsweise sammelt und verteidigt die Hündin ihr Spielzeug, baut sich ein Nest, nimmt durch vermehrte Nahrungsaufnahme zu und verlässt nur ungern ihr Nest. Bis zu sechs Wochen kann dieser Zustand anhalten, der meist auf hormonelle Umstellung nach der Läufigkeit zurückzuführen ist. Das Salz Nr. 5 kann hier zum Einsatz kommen. Drei- bis viermal täglich in angegebener Dosierung. Zusätzlich kann mit einer Mischung von Nr. 6, Nr. 8 und Nr. 12 einmal täglich die Wirkung von Nr. 5 unterstützt werden.

Scheidenentzündungen

Meist zeigt sich eine Scheidenentzündung durch ständiges Lecken des Gesäßes und Rutschen darauf („Schlittenfahren"). Es kommt zu Scheidenausfluss, der wässrig bis schleimig, eitrig und blutig sein kann. Diese Entzündung kann schon vor der ersten Läufigkeit der jungen Hündin auftreten. Hier empfehle ich die Verwendung des Basenbades der Firma Starfit: Einen Esslöffel des Salzes in einem Liter Wasser auflösen und mithilfe eines weichen Zellstofftuches die äußere Scheide mit der Lösung abtupfen und reinigen. Zusätzlich umgehend die Nr. 3 und Nr. 4 in entsprechender Dosis verabreichen. Tritt eine Besserung ein, sollte dann noch zwei Wochen lang die Nr. 6 hinzugefügt werden. Ist nach einer Woche keine Verbesserung ersichtlich, muss der Tierarzt aufgesucht werden. Auch wenn andere Medikamente nötig sind, kann mit diesen Schüßler-Salzen begleitend gearbeitet werden.

Analdrüsenentzündung

Die um den After herum liegenden Analdrüsen können sich durch ständiges Belecken entzünden und im weiteren Verlauf zu einem Abszess ausbilden. Zunächst sind die Analdrüsen nur gerötet. Das immer häufigere „Schlittenfahren" (siehe oben) macht dann auch den Hundehalter auf das Unwohlsein des Hundes aufmerksam. Die Analdrüsen können verstopfen und anschwellen. Hier kann man die Salbe Nr. 10 verwenden. Bei einer Abszessbildung muss der Analbeutel vom veterinärmedizinischen Fachmann geöffnet werden. Jetzt ist die Verwendung der Salbe Nr. 12 sinnvoll. Bei einer Analdrüsenentzündung gibt man Tabletten der Nr. 1, Nr. 3 und Nr. 9, zusätzlich mindestens viermal in der Woche die Nr. 12. Zur äußerlichen Anwendung wählt man die Salben Nr. 1 und Nr. 11.

> ### Tipp
>
> *Bei akuten Entzündungen hilft die häufige Gabe von Nr. 3. Bei lang anhaltenden Entzündungen die Salze Nr. 4 und 5 einsetzen und diese über drei Monate hinweg verabreichen.*

Hauterkrankungen und Allergien

Hauterkrankungen, verbunden mit Haarverlust, Pusteln, Pickeln, eitrigen Hautentzündungen sowie heftigem Juckreiz, treten beim Hund immer häufiger auf. Die zunehmenden Umweltbelastungen, von denen auch unser Vierbeiner nicht verschont bleibt, Zusatzstoffe in Futtermitteln, die empfohlenen und vorgeschriebenen Impfungen, Arzneimittelverabreichungen und anderes mehr können in vielfältiger Hinsicht Auslöser von Hautkrankheiten und Allergien sein. Dies bedeutet, dass es zunehmend schwerer wird, die tatsächliche Ursache von Hauterkrankungen und Allergien festzustellen. Für eine sinnvolle Behandlung ist es aber unerlässlich, die krankheitsauslösenden Faktoren ausfindig zu machen und den Hund außerdem so weit wie möglich vor den krank machenden äußerlichen Einflüssen zu schützen. Schwierig wird es, wenn eine differenzierte Diagnose nicht möglich ist und der Fachmann von einem unklaren Beschwerdebild spricht.

Eine entscheidende Rolle spielt hierbei die in der Tierheilkunde übliche Unterscheidung von primären und sekundären Veränderungen der Haut und des Hautstoffwechsels, denen dann mithilfe der Schüßler-Salz-Therapie gezielt begegnet werden kann. Bei den primären, also den zuerst erscheinenden Hautveränderungen handelt es sich um Bläschen, Quaddeln, Pusteln oder Knötchen, unter sekundären Erscheinungen versteht man fortschreitende Veränderungen einer vorherigen Erkrankung der Haut wie Geschwüre, Hautbeschädigungen, die Verdickung und übermäßige Verhornung der Haut oder eine Veränderung der Hautfarbe und der Farbe des Fells.

Juckreiz

Es ist in erster Linie der Juckreiz, der dem Hund zu schaffen machen kann. Er kann ein erstes Anzeichen einer wie immer gearteten akuten Hauterkrankung sein, aber auch ein Zeichen einer überaus starken Nervosität (Anwendung der Salze Nr. 5, Nr. 7 und Nr. 11) oder auch Symptom einer starken Belastung von Organen. Hier sei nur die Leber erwähnt, die bei Belastungen ihre Entgiftungsfunktion nur noch eingeschränkt ausüben kann, was zu diversen Stoffwechselproblemen führt, die auch einen Juckreiz der Haut verursachen können. Meistens kommt es zusätzlich zur Schuppung der Haut. Hier ist eine Anwendung der Salze Nr. 6, Nr. 8 und Nr. 9 angezeigt. Man sollte außerdem an ein Nierenproblem (Anwendung von Nr. 6, Nr. 8 und Nr. 9) oder auch an den Blutzucker (Diabetes mellitus)

> **Info**
>
> *Bei unklarem Beschwerdebild erweist sich die Behandlung nach Dr. Schüßler, die jedem Salz ein differenziertes Mangelbild zuordnet, als besonders wertvoll. Vielfach ist noch nicht einmal die genaue wissenschaftliche Bezeichnung einer Hauterkrankung erforderlich, um eine erfolgreiche Behandlung mit Schüßler-Salzen vorzunehmen.*

Tritt Juckreiz nur sporadisch auf, ist er zwar lästig, kann aber gut mit stündlicher Gabe von Nr. 7 gelindert werden.

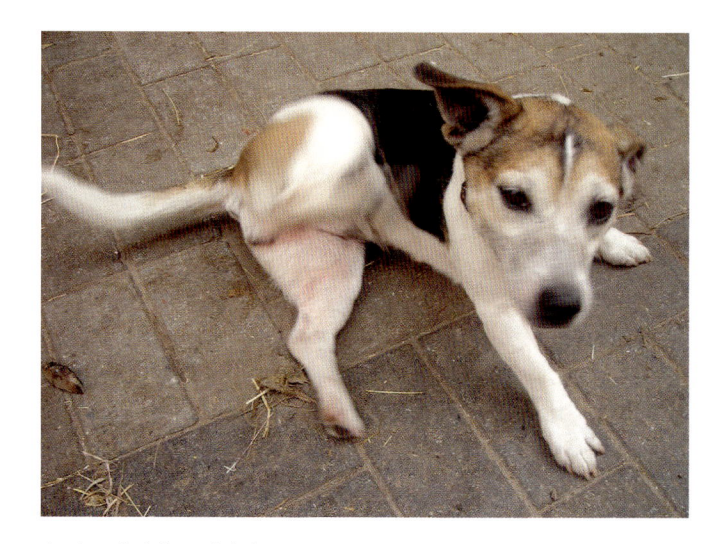

Info

Die Ursachen von andauerndem oder anhaltendem Juckreiz sollten differenzialdiagnostisch abgeklärt werden.

denken, bei dem sich der Einsatz von Nr. 9 und Nr. 10 bewährt hat. Besonders anfällig für Hautprobleme sind Hunde, deren Haut ungeschützt und deshalb Umwelteinflüssen (wie Sonne, Kälte) in besonderer Weise ausgesetzt ist. Das gilt zum Beispiel für Nackthunde, Faltenhunde (Bulldogge, Mops, Chinesischer Tempelhund), für Tiere, die nur wenig Pigmentierung aufweisen (Albinohunde) oder insgesamt für sehr hellhaarige Hunde mit spärlichem Haarkleid.

Da der Juckreiz der Haut beim Hund meist im Vordergrund steht, ist es sinnvoll, die Oberflächenspannung der Haut und die damit verbundene Unruhe und Nervosität mit einer ausreichenden Zufuhr von Nr. 7 zu mildern. Hierzu sollte dem Hund im akuten Zustand alle 15 Minuten je nach Alter und Körpergewicht das Schüßler-Salz Nr. 7 zugeführt werden. Bei jedem Juckreiz versucht der Hund sich zu kratzen, was leicht zu Hautverletzungen führen kann. Damit ist einem Eindringen von Keimen Vorschub geleistet und es kommt nachfolgend leicht zu Wundinfektionen der Haut. Hier ist unbedingt zusätzlich zu Nr. 7 auch das Schüßler-Salz Nr. 3 von Bedeutung.

Erleichterung verschaffen bei Juckreiz auch ein kühles „Hautbad" oder eine entsprechende Waschung. Dabei füllt man einen sauberen Plastikbehälter (Fassungsvermögen etwa 10 Liter) mit kühlem Wasser und löst darin für einen mittelgroßen Hund 10 Tabletten der Nr. 6, 20 Tabletten der Nr. 7 und 10 Tabletten der Nr. 9 auf. Diese Flüssigkeit wird nun mit einer Schöpfkelle langsam vom Kopf bis zum Schwanz über den Hund verteilt. Das Tier sollte danach nicht abgebraust werden, denn das „Hautbad" soll nachwirken, damit es in die Hautporen eindringen und dort seine Wirkung entfalten kann. Weiterhin kann nach dem Trocknen der Haut die Verwendung der Salben Nr. 3 und Nr. 11, die auf die betroffenen Stellen vorsichtig aufgetragen werden, sinnvoll sein.

Eine Möglichkeit, dem Hund bei einer allgemein allergischen Reaktionen mit Schüßler-Salzen zu helfen, ist die Verabreichung der Salze Nr. 2, Nr. 3, Nr. 4, Nr. 8 und eventuell Nr. 10, zudem die Verwendung des Basenbades oder entsprechender Salben (siehe Anwendungsgebiete der Schüßler-Salben) sowie die Verabreichung nervenberuhigender Salze wie Nr. 5.

Wie schon erwähnt, kann Juckreiz auch Ausdruck einer bereits vorhandenen, ursächlich verantwortlichen Organkrankheit sein. Die folgende Übersicht ordnet den unterschiedlichen Organ- und Krankheitsbezügen des Juckreizes jeweils entsprechende Schüßler-Salze zu, die zur Anwendung empfohlen werden:

Ursachen von Juckreiz und passende Schüßler-Salze	
Arzneimittelallergie	Nr. 4, Nr. 6, Nr. 10
Furunkulose	Nr. 3, Nr. 8, Nr. 11, Nr. 12
Hautpilz- und Milbenerkrankungen (Ohren, Pfoten, Gesicht, Schwanzansatz bis -spitze und gesamter Körper)	Nr. 1, Nr. 4, Nr. 6, Nr. 8
Leberentzündung, Leberstau	Nr. 6, Nr. 9, Nr. 10
Nebennierenüberfunktion (Cushing-Syndrom)	Nr. 2, Nr. 3, Nr. 5, Nr. 11
Nierenentzündung, Nierenfunktionseinschränkung	Nr. 3, Nr. 5, Nr. 8, Nr. 10
Schilddrüsenunterfunktion	Nr. 4, Nr. 6, Nr. 10, Nr. 11
Sonnenallergie	Nr. 3, Nr. 8, Nr. 10, Nr. 11
Talgdrüsenentzündung	Nr. 3, Nr. 9, Nr. 11
Tumoren	Nr. 3
Wurmerkrankungen	Nr. 9, Nr. 10 (siehe Abschnitt „Wurmkuren", Seite 101)
Zeckenbissreaktionen	Nr. 3, Nr. 4, Nr. 10

Hauterkrankungen und Allergien

Pusteln, Bläschen, Quaddeln und Papeln sowie Haut- und Haarveränderungen

Eine unangenehme und oft auch weitreichende Problematik der Haut ist der Befall mit Parasiten wie Flöhen, Milben, Zecken oder auch Pilzbefall. Einige dieser Parasiten rufen typische Hautreaktionen hervor, beispielsweise Pustelbildung, Bläschen, Quaddel- und Papelbildung.

Auch Allergien oder Infektionen können Ursache von Hautveränderungen sein. Meist kommt es nach den primären Hauterkrankungen zu Farbveränderungen an Haut und Haarkleid. Folgende Übersicht der ursächlichen Hauterkrankungen gibt einige spezifische Empfehlungen zur Anwendung von Schüßler-Salzen – siehe die Tabelle rechts.

Hautprobleme können prinzipiell durch die Verwendung von Schüßler-Salben oder -Cremes gelindert werden. Die entsprechenden Einsatzempfehlungen der Salben und Cremes finden sich im Abschnitt „Äußere Anwendung von Schüßler-Salzen", Seite 81. Grundsätzlich muss man entscheiden, ob Salben/Cremes eingesetzt werden sollen oder ob man dem Hund mit Umschlägen und Bädern Erleichterung verschaffen will. Möglich ist auch eine Kombination der verschiedenen äußeren Anwendungsarten. Hier sollte der Hundebesitzer selbst entscheiden, was seinem Hund am angenehmsten und für ihn am effektivsten ist. Es kann auch durchaus hilfreich sein, verschiedene Salben zu kombinieren, wobei man dann entweder eine Mischung aus zwei verschiedenen Salben wählt oder eine Salbe morgens und die andere abends aufträgt.

Allergische Reaktionen auf Futtermittel

Eine besondere Erwähnung sollte die Futtermittelallergie finden. Es gibt eine solche Vielzahl an verschiedenen Nahrungsmitteln für den Hund, dass einem manchmal die Übersicht verloren geht. Wie bei Menschen, so nimmt auch bei Hunden die Überempfindlichkeit zu gegen Stoffe, die zur Herstellung, Haltbarmachung, Geschmacks- und Geruchsbildung oder zur optischen Verschönerung des Hundefutters verwendet werden. Reagiert der Hund mit Krankheitszeichen wie Durchfall, Erbrechen, Müdigkeit oder gar mit Hauterkrankungen, sollte auch hier ein Augenmerk auf das Futtermittel geworfen werden. Hunde, die unter Hauterkrankungen leiden, sollten so weit wie möglich unbelastetes Futter erhalten. Sinnvoll ist auch eine Diät mit Reis. Die Zeichen einer Allergie auf

---

Tipp

Die psychische Belastung durch eine Hauterkrankung mit ihren jeweils begleitenden Symptomen ist gerade beim Hund nicht zu unterschätzen. So hat sich der Einsatz des „Nervensalzes" Nr. 5 bei allen Problemen der Haut für den Hund als besonders wertvolle Unterstützung erwiesen.

Futtermittel sind so vielfältig, dass ich hier nur die häufigsten Erkrankungen beim Hund erwähnen möchte:
> Ohrentzündungen: Manchmal zeigt sich eine allergische Reaktion auf Futtermittel einzig in einer entzündlichen Veränderung des äußeren Gehörgangs. Der Hund kratzt sich auffallend oft am

Ursachen von Hautveränderungen und Schüßler-Salze

Pustelbildung:

Flohstichallergie	Nr. 3, Nr. 4, Nr. 8, Nr. 10
Pilzerkrankung	Nr. 1, Nr. 4, Nr. 6, Nr. 8
Milbenbefall (auch Parasiten)	Nr. 6, Nr. 9, Nr. 10
Autoimmunkrankheit (= gegen den eigenen Organismus gerichtete Abwehrmaßnahme)	Nr. 5, Nr.10, ggf. zusätzlich Nr. 6, Nr. 8
Kontaktdermatitis (entzündliche Reaktionen auf Hautkontakt mit einem bestimmten Stoff)	Nr. 5, Nr. 7, Nr. 10, ggf. Nr. 6
Bakterielle Infektion	Nr. 3, Nr. 4, Nr. 11, Nr. 12

Bläschen, Quaddel- und Papelbildung:

Viruskrankheiten	Nr. 3, Nr. 4 und Nr. 5, danach Nr. 6
Autoimmunkrankheiten	siehe oben
Nesselsucht nach Insektenstichallergie	Nr. 2 oder Nr. 8
Reaktionen auf Arzneimittel, hier nachfolgend zur Ausleitung	Nr. 5, Nr. 9, Nr. 10, Nr. 12

Farbveränderung an Haut und Haaren:

Nach bakterieller Entzündung	Nr. 3, Nr. 6, Nr. 11
Nach Pigmentierungsverlust der Haut	Nr. 11
Bei Autoimmunkrankheiten	siehe oben
Hormonstörungen mit Farbveränderungen des Fells	Nr. 2, Nr. 5, Nr. 11
Nach allergisch bedingten entzündlichen Veränderungen	Nr. 5, Nr. 10, Nr. 11

Tipp

Zusätzlich kann bei Hautveränderungen das Spurenelement Zink als Zincum chloratum D6 zum Einsatz kommen, welches eine ausgezeichnete Wirkung auf die Haut und den Heilungsprozess hat.

Hauterkrankungen und Allergien

Ohr oder schüttelt den Kopf. Es fällt der gerötete, manchmal auch mit viel klebrigem Ohrenschmalz gefüllte äußere Gehörgang auf. In diesem Fall sollte man den Versuch der Ohrreinigung mithilfe von Wattestäbchen und Ähnlichem unbedingt vermeiden. Die Entzündungshemmung, Entgiftung und Entschlackung wird hier zunächst ausschließlich über die Gabe von Schüßler-Salz Nr. 3, Nr. 6, Nr. 9 und Nr. 10 betrieben. Erst wenn die Rötung im Ohr leicht zurückgeht, der Hund (unterstützt durch die Juckreiz hemmende Nr. 7) nicht mehr so viel kratzt und keine eitrigen Hautdefekte entstanden sind, kann die Salbe Nr. 12 zum Einsatz kommen.

> Durchfall, Erbrechen: Hunde, deren Magen-Darm-Trakt empfindlich ist, reagieren besonders stark mit Durchfall und Erbrechen auf diverse Inhaltsstoffe von Futtermitteln. Einige Eiweiße, Kohlenhydrate, Farb- und Konservierungsstoffe verursachen Krämpfe in Magen und Darm. Erbrechen und Durchfall sind für die Hunde infolge des Flüssigkeits- und Mineralverlustes sehr belastend. Hier sind vor allem die Nr. 7 zur Entkrampfung und die Gabe von Nr. 4, Nr. 6, Nr. 9 und Nr. 10 sinnvoll.

Service

Zum Weiterlesen

Becvar, Dr. Wolfgang: **Naturheilkunde für Hunde.** Grundlagen, Methoden, Krankheitsbilder. Kosmos, Stuttgart 2003.

Biber, Dr. Vera: **Allergien beim Hund**. Natürlich behandeln und vorbeugen, Auslöser erkennen und vermeiden. Kosmos, Stuttgart 2006.

Brehmer, Marion: **Bach-Blüten für die Hundeseele.** Verhaltensstörungen und Erziehungsprobleme mit Bach-Blüten behandeln. Kosmos, Stuttgart 2004.

Bucksch, Martin: **Ernährungsratgeber für Hunde.** Fit und gesund – Hunde richtig füttern. Kosmos, Stuttgart 2008.

Buksch, Dr. med. vet. Martin: **Notfallapotheke für Hunde – für unterwegs.** Kosmos, Stuttgart 2007.

Dieser, R.: **Homöopathische Taschenapotheke für Tiere.** MSV Medizinverlage, Stuttgart 2003.

Fogle, Bruce: **Was fehlt meinem Hund?** Dorling Kindersley, München 2002.

Glanz, Christiane: **Der Rüde.** Wesen, Haltung, Gesundheit, Erziehung. Kosmos, Stuttgart 2008.

Gosh, Inge: **Naturheilkunde für Hunde.** Parla, Darmstadt 1995.

Hemm, Werner und Stefan Mair: **Komplex Biochemie.** Foitzick, Augsburg 2006.

Hickethier, Kurt: **Lehrbuch der Biochemie.** Charlotte Depke, Kemmenau 1994.

Hoefs, Nicole und Petra Führmann: **Das Kosmos-Erziehungsprogramm für Hunde.** Kosmos, Stuttgart 2006.

Jones, Renate: **Aggressionsverhalten bei Hunden.** Kosmos, Stuttgart 2003.

Kellenberger, Richard und Friedrich Kopsche: **Mineralstoffe nach Dr. Schüßler.** AT Verlag, Aarau 2005.

Kusch, Carola: **Die Hündin.** Wesen, Verhalten, Pflege, Gesundheit. Kosmos, Stuttgart 2004.

Lausberg, Frank: **Erste Hilfe für den Hund.** Kosmos, Stuttgart 1999.

Lübbe-Scheuermann, Perdita und Frauke Loup: **Unser Welpe.** Kosmos, Stuttgart 2006.

Meinert, F.: **Leitfaden zur Biochemischen Behandlung unserer kranken Haustiere.** Wege zur Gesundheit, Dormagen 1996.

Narath, Elke: **Massage für Hunde.** Kosmos, Stuttgart 2004.

Niepel, Gabriele: **Kastration beim Hund.** Chancen und Risiken – eine Entscheidungshilfe. Kosmos, Stuttgart 2007.

Rakow, Dr. Barbara: **Homöopathie für Hunde.** Kosmos, Stuttgart 2006.

Rustige, Dr. Barbara: **Hundekrankheiten.** Kosmos, Stuttgart 1999.

Rütter, Martin und Jeanette Przygoda: **Angst bei Hunden.** Unsicherheiten erkennen und verstehen, Vertrauen aufbauen. Kosmos, Stuttgart 2008.

Schöning, Dr. Barbara, Nadja Steffen und Kerstin Röhrs: **Hundesprache.** Kosmos, Stuttgart 2004.

Schöning, Dr. Barbara: **Hundeverhalten.** Verhalten verstehen, Körpersprache deuten. Kosmos, Stuttgart 2008.

Späth, Dr. med. vet. H., Dr. med. vet. G. Löw und E. Reinhart: **Gesunde Tiere mit biologischer Medizin.** Aurelia, Baden-Baden 2004.

Spangenberg, Dr. Rolf: **Der ältere Hund.** Ernährung und Pflege, Gesundheit und Fitness. Kosmos, Stuttgart 2006.

Stein, Petra: **Bach-Blüten für Hunde.** Kosmos, Stuttgart 2002.

Tammer, Isabell: **Hundeernährung.** Kosmos, Stuttgart 2000.

Wolf, Dr.: **Tiersprechstunde für Hunde.** Kosmos, Stuttgart 2003.

Nützliche Adressen

Forum für Schüßler-Salze – Tipps für Tiere, speziell Hunde: www.tier-und-gesundheit.de

Hersteller von Schüßler-Salzen für Tiere (ohne Gluten/Weizenstärke und geschmacksneutral): Firma Orthim, Zeisigstr. 5, D-33378 Rheda-Wiedenbrück, www.Orthim.de

Internetapotheke für günstige Schüßler-Salze: www.omp-apotheke.de

Nahrungsergänzung für Tiere als sinnvolle Kombination mit Schüßler-Salzen: www.starfit.de, www.neukraft.de

Tierärztin Claudia Schmitz, Harsewinkeler Str. 43, 33803 Steinhagen-Brockhagen, Tel.: 0 52 04 – 92 09 55, Tierklinik.Meyer-Wilmes@t-online.de

Vier Pfoten – Stiftung für Tierschutz/Deutschland, Dorotheenstrasse 48, D-22301 Hamburg, Tel: +49 40 399-249-0, www.vier-pfoten.de

Vier Pfoten – Stiftung für Tierschutz/Österreich, Johnstraße 4, A-1150 Wien, www.vier-pfoten.org, www.pfotenhilfe.at, www.four-paws.org Gesellschaft für ganzheitliche Tiermedizin e. V. (GGTM), Gartenstrasse 7, D-7989 Bad Krozingen, www.ggtm.de

Kooperation deutscher Tierheilpraktiker-Verbände e. V., Auestr. 99, D-27432 Bremervörde, www.kooperation-thp.de

Verband für das deutsche Hundewesen e. V. (VDH), Postfach 104154, D-44041 Dortmund, www.vdh.de

Internationale Zentrale Tierregistrierung (IFTA), Weiherstr. 8, D-88145 Maria Thann, www.tierregistrierung.de

Haustierzentralregister TASSO e. V., Frankfurter Str. 20, D-65795 Hattersheim, www.tasso.net

Register

A

Abszesse 56, 72, 86
Abwehr von Krankheiten 41, 44
Abwehrstärkung 42, 100
Ähnlichkeitsprinzip 16
Ängstlichkeit 39, 46, 52, 93, 95
Äpfel, Verzehr von 119
Akupunktur 111
Akutmittel 44
Alleinsein 39
Allergien 42, 81, 119, 129, 132
  auf Arzneimittel 131
  auf Futtermittel 132
Alterserkrankungen 107
Alterserscheinungen 72
Alterung, frühzeitige 58
Alzheimerkrankheit 109
Analdrüsenentzündung 72, 128
Analdrüsenschwellung 37
Angst bei Gewitter 69, 72
Angstbeißer 54
Anpassungsschwierigkeiten 41, 93
Anspannung 52
Anstrengungen 46
Anti-Aging-Programm 107
Antiseptikum der Biochemie 52, 120
Antriebslosigkeit 109
Apotheke 23
Appetitlosigkeit 79, 109
Arsenicum jodatum 81
Arteriosklerose 109
Arthritis 36, 72, 113
Arthrose 36, 72, 113
Arzneimittelallergie 131
Atemnot bei Bronchitis 50
Atemwegserkrankungen 81
Aufbewahrung der Schüßler-Salze 27
Aujeszky-Virus 91
Ausbildungsmittel 41 f.
Ausfluss 128
Ausgelassenheit 96
Ausleitung von Schadstoffen 100
Ausscheidungsmittel 68
Ausschläge, trockene 85
Auswurf bei Husten 48
Autofahrten 41
Autoimmunkrankheit 133

B

Bäder 85
Bänderentzündung 113
Bänderschwäche 36, 62, 71, 111
Bandscheibenvorfall 111
Bandwurm 101
Basenbad 84, 131
Beleidigte Leberwurst 66, 95
Beschwerden
  akute 28
  chronische 29
Bewegung 92
Bewusstlosigkeit 117
Bindegewebe 71
Bindehautentzündung 76
Birnen, Verzehr von 119
Bitterstoffe 68, 96
Bläschen 133
Blasenentzündung 125
Blasenschwäche 109
Blutarmut 42, 79, 97
Blutbildung 45, 46
Blutergüsse 87
Blutgerinnung 75

Bockigkeit 95
Brechdurchfall 121

C

Calcium carbonicum 81
Calcium fluoratum 36
Calcium phosphoricum 41
  Salbe 82
Calcium sulfuratum 80
Calcium sulfuricum 75
  Salbe 87
Calcium-fluoratum-Salbe 81
Calciumbehenat 24
Calendula-Tinktur 118
Choleriker 69, 96
Cuprum arsenicosum 80
Cushing-Syndrom 131

D

D-Nummern 35
Dackellähme 72, 111
Darmpilze 102 ff.
Dauer der Schüßler-Salz-Gabe 30 f.
Demenz 41
Diabetes 68, 81, 109, 130
Dickköpfigkeit 66
Dilutionen 22
Diva 73
Dominanzverhalten, übersteigertes 94
Dosierung 28
Drüsenschwellung 48, 86
Durchblutungsstörungen 79, 109
Durchfall 119, 121
  aufgrund von Inhaltsstoffen im Futtermittel 134

nach fetter Nahrung 68, 76
Zusammenhang mit
Psyche 122
Durst, übergroßer 62, 124

E
Eifersucht 39
Eigenbrötler 95
Eigensinn 42
Eisen im Blut 44
Eiterpusteln 86
Ekzeme 72, 83
Elefantengedächtnis 95
Energiepotenzial 18
Entgiftung 48, 49, 68, 119
nach einer Impfung 100
Entsäuern 65, 113
Entwicklungsrückstand 42, 63
Entwicklungssalz 44
Entzündungen
akute 45
chronische 52, 55, 75, 85
eitrige 56
Entzündungsmittel
1. Stufe 45 f., 100
2. Stufe 48, 100
3. Stufe 55
Erbrechen 68, 119, 121
aufgrund von Inhaltsstoffen
im Futtermittel 134
Zusammenhang mit
Psyche 122
Erfahrungsheilkunde 24
Ergänzungsmittel 78
Erholung
nach der Geburt 98
nach Krankheit 54, 62
Ernährung, richtige 90
Erschöpfung 98
Erste-Hilfe-Mittel 44

Erste-Hilfe-Programm bei
Unfall 117
Erweiterungsmittel 16, 78
Essensreste 91
Ethik 4

F
Farbveränderung von Haut und
Haaren 133
Fastentage 90 f.
Fellmittel 55
Ferrum phosphoricum 44
Salbe 83
Fertigfutter 91
Fettleber 124
Fieber 44, 52
Fixieren auf
Person/Gegenstand 94
Flechte, Haut 84
Fleisch, rohes 91
Flöhe 101, 132 f.
Flohmittel 120
Flüssigkeitszufuhr 26
Fremdkörper verschlucken 120
Fressen, übermäßiges 61
Frostbeulen 86
Frühaufsteher 39
Funktionsmittel 15
Furunkel 86 f., 131
Futter 91, 132
Futtermittelallergie 132
Futterneid 121
Futterumstellung 121 f.

G
Gallenerkrankungen 124
Gallestau 124
Geburt 98
Gedächtnisschwäche 54

Geduld bei der Behandlung 20, 27 f.
Gehirnzellen 52
Gehörgangsentzündung 116
Gelenkabnutzung 113
Gelenke
knackende 62, 112
schwache 81
Gelenkentzündung 36, 106
Gelenkerguss 106
Gelenkprobleme 58, 86
Ursachen 107
Gelenkrheuma 66, 115
Gelenkschmerzen 113
Gelenkschwellungen 36, 86, 118
Gelenksteifheit 87, 108
Geräuschempfindlichkeit 72
Geschlechtstrieb
gesteigerter 38, 94, 127
verminderter 66
Geschwüre 62, 84, 86
Gewebeerschlaffung 82
Gewichtsverlust 80
Gicht 66
Giftstoffe, Bindung 62, 72
Ginkgo 109
Gleichgewicht, seelisches 92
Glykosaminglykane 108
Grieß 49, 126
Grippale Infekte 107

H
Haarausfall 54, 57, 72, 129
Hakenwürmer 102
Hämoglobin 44
Hängebauch 36
Harn, blutiger 126
Harnverhalten 68
Harnwegsinfekte 79
Hautausschläge 84, 86

Hautbad bei Juckreiz 130
Hauterkrankungen 129
    eitrige 80
Hautinfektionen 84
Hautjucken, nervöses 84 f.
Hautmittel 55
Heilmethoden, alternative 6
Heiße Sieben 107
Herbizide 119
Herzprobleme 42, 110
Hexenschuss 114
Hilfsstoffe 22, 24
Homöopathie 16, 18
Hormonstörungen 133
Hüftgelenkdysplasie (HD) 71, 113
Hund
    alter 107
    junger 98
Hundebox 23, 27
Hundeschau 44
Hündinnen 38
Hyperaktivität 76, 96
Hysterie 59, 60, 78, 95 f.

I
Impfungen 46, 49, 54, 99
Impulsivität 69
Infektionen 52
    Ausheilen 50
Infektionsherd 47
Infektionsschutz, Welpen 100
Insektenstiche 83, 86, 133
Insektizide 119
Insulin 110
Intelligenz 96
Ionen 19

J
Juckreiz 124, 129, 131

K
Kakao 91
Kalium aluminium sulfuricum 80
Kalium arsenicosum 78
Kalium bromatum 78
Kalium chloratum 48
    Salbe 83
Kalium jodatum 79
Kalium phosphoricum 51
    Salbe 84
Kalium sulfuricum 55
    Salbe 85
Kälteempfindlichkeit 40, 96
Kamillentinktur 118
Karbunkel 87
Kartoffelstärke 24
Kausticks 91
Kieselsäure 71
Kinder 69
Klaustrophobie 58, 63, 94
Kniescheibe, lose 111
Knochen, instabile 71
Knochenaufbau 42
Knochenbrüche 45, 105
Knochenheilung 82
Knochenwucherung 82
Knorpelschäden 62, 72
Kochsalz 63
Kohlenhydrate 90
Koliken 59, 80, 95, 121
Kombination von Salzen 20
Kontakt zu Artgenossen 92
Kontaktdermatitis 133
Konzentration 44
Konzentrationsschwäche 52, 60, 104
Krämpfe 59, 80, 98
Krampfmittel 58
Krampfneigung 95

Krankheiten
    chronische 81
    Entstehung 15
Kreislaufprobleme 110

L
Lähmungen 84
Lahmheit 104
Laktose 22, 24
    Nebenwirkungen 25
Laktose-Intoleranz 26
Lampenfieber-Salz 60
Lebenssalz 61
Leber, Unterstützung 124
Leberbelastung 69
Leberentzündung 131
Lebererkrankungen 124
Leberschwäche 109
Leberstau 131
Leberzellmittel der Biochemie 55
Leckerchen 21, 28, 91
Leistenbruch 81
Leistungsbereitschaft, übermäßige 44, 93
Leistungsmittel 44
Leistungsverweigerung 93
Leptospirose 120
Lichtempfindlichkeit 72
Liegeschwielen 37
Lithium chloratum 79
Löwenzahn 68, 96
Lymphmittel 65

M
Magenschleimhautentzündung 62, 120
Magenverdrehung 95
Magnesium phosphoricum 58
    Salbe 85

Magnesiumgehalt im Futter 126
Magnesiumstearat 24
Magnetfeldtherapie 111
Manganum sulfuricum 79
Mangelerscheinungen 8, 17
Markieren 38, 127
Medikamente, Kombination mit
 Schüßler-Salzen 30
Milbenbefall 62, 131 ff.
Milbenmittel 120
Milch, kalte 73
Milchfluss 98
Milchproduktion 38
Milchzucker 22, 24
 Nebenwirkungen 25
Milchzuckerunverträglich-
 keit 26
Mineralfutter 19
Mineralsalz-Bad 84
Mineralsalz-Cremes 81
Mineralsalz-Verbindungen,
 feinstoffliche 19
Mitläufermentalität 58
Müdigkeit 109
Mundschleimhaut 21
Muskelentzündung 115
Muskelkater 103, 115
 vorbeugen 52
Muskelkrämpfe 42, 84
Muskelmittel 51
Muskelschmerzen 36
Muskelschwäche 104
Muskelschwund 36
Muskelsteifheit 108
Muskelverspannungen 83
Muskelzellen 52
Muskelzittern 103

N
Nährcreme 86

Narbenbruch 81
Narbengewebe 81
Narbenpflege 118
Natrium bicarbonicum 81
Natrium chloratum 61
 Salbe 85
Natrium phosphoricum 65
 Salbe 86
Natrium sulfuricum 68
 Salbe 86
Nebennierenüberfunktion 131
Nebenwirkungen, Schüßler-
 Salze 24
Nervenmittel 51
Nervensalz 117
Nervenschmerzen 84
Nervosität 42, 59, 78
Nesselausschlag 84, 133
Niere 125
Nierenentzündung 127, 131
Nierengrieß 126
Nierenkolik 126
Nierenschwäche 109
Nierensteine 126 f.
Normalgewicht 90
Notfallsituation 29
Nüsse 119

O
Ödeme 62
Ohrenschmalz 116
Ohrenentzündung 76, 87, 133
Ohrverletzungen 116
Operationen 46
Organbestandteil 71
Orthim-Basenbad 87

P
Panik 43, 72, 93
Papelbildung 133

Paraffin 81
Parasiten 66, 101, 133
Parodontose 109
Passivität 50
Pastillen 22
Penisentzündung 127
Personenbezogenheit 63
Pigmentierung
 fehlende 130
Pigmentierungsverlust 57, 133
Pilzbefall 37, 62, 66, 86, 131 ff.
Plastikspritze 21
Platzangst 52, 94
Potenzierung 14, 18
Prellungen 83, 104 f.
Prüfungsstress 104
Psyche 93
Pusteln 133

Q
Quetschungen 83

R
Reinigungsmittel 75
Reinigungszeichen 26
Reisdiät 132
Reisekrankheit 120
Rheuma 36, 65, 75, 85, 115
Rückenverspannungen 84
Rüde 38

S
Salben 81
Salbenwickel 83
Salmonellen 91, 120
Salzjoker 75
Salzmangel, psychische
 Aspekte 17
Sauerstoffbedarf, erhöhter 58
Säure-Basen-Haushalt 61, 113

Säureüberschuss 65
Scheidenentzündung 128
Scheinschwangerschaft 38
Scheinträchtigkeit 63, 127
Schilddrüsenfunktionsstörungen 78, 131
Schlafprobleme 61, 76
Schleimabsonderungen 48
Schleimbeutelentzündung 71
Schleimhautmittel 48
Schlittenfahren 37, 72, 102, 128
Schmerzempfindlichkeit 73, 95, 96
Schmerzen 59
    bei Wetterwechsel 82
    während der Geburt 98
Schmerzmittel 58
Schneefressen 121
Schnupfen 48, 50, 86
Schock 117
Schokolade 61, 91, 119
Schreckhaftigkeit 72
Schürfungen 83
Schüßler, Dr. Wilhelm Heinrich 14
Schüttelfrost 68
Schweinefleisch 91
Schwellungen 36, 83
    nach einer Prellung 105
Sehnenentzündungen 71, 113
Sehnenprobleme 86
Sehnenschwäche 36
Selbstverstümmelung 61, 76, 96
Selbstvertrauen, geringes 39
Sensibelchen 46, 93
Silicea 71
    Salbe 86
Similium 18
Simulantentum 47
Sonnenallergie 131

Sonnenbrand 86
Speichelfluss, vermehrter 62
Sportprogramm 103
Spulwürmer 102
Starrsinn 42
Staupe 120
Steifheit 94, 96, 108
Steinbildung 126
Stimmungsschwankungen 46
Stress 18, 99
    Auswirkung auf Verdauung 122
    durch Juckreiz 17
Stressabbau 92
Sturheit 66
Symbiose 102

T
Talgdrüsenentzündung 131
Theobromin 91
Tierschutz 4
Trächtigkeit 38, 97
Trägerstoff, Schüßler-Tabletten 22
Tumoren 131

U
Überaktivität 60
Überanstrengung 104
Überbein 82
Überdosierung 15, 31
Übereifer 93
Überempfindlichkeit 96
Übergewicht 65, 90, 91, 96, 123
Übernervosität 52, 96
Überreizung 80
Übersäuerung 58, 66, 81
Überspanntheit 94
Umschläge 83
Unfall 117

Unflexibilität 39
Unfruchtbarkeit der Hündin 75
Ungeduld 95
Ungehorsam 42
Unruhe 94
Unsicherheit 39, 52, 63, 93, 95
Untergewicht 90
Unterkühlung 125, 127
Unterwürfigkeit 40

V
Vaseline 81
Verabreichung der Schüßler-Salze 21
Verdünnung 18, 119
Vereiterungen 75, 87
Vergiftungen 62, 119
Verhaltensauffälligkeiten 8
Verhärtungen 36, 62
Verjüngungsmittel 71
Verkrampfung, bei Schmerzen 105
Verlangen nach Süßem 56, 60 f., 77
Verlassensängste 76
Verletzungen 45, 117
Verrenkungen 36, 104 f.
Verstauchungen 83, 104 f.
Verstopfung 119
Vielfraß 66
Vitamine 91
    Überdosierung 31, 99
Vorhautentzündung 127

W
Wachstumsmittel 36
Wachstumsprozesse 36, 42
Wachstumsschmerzen 82
Wadenkrämpfe 107
Warzen 37, 62

Waschungen 83, 85
Wassereinlagerungen 96
Wasserhaushaltsmittel 61
Wehen 98
Wehleidigkeit 94 f.
Weizenstärke 24
Welpen 36, 46
Wettkampf 104
Wickel 83
Wirbelsäulenerkrankungen 71
Wunden 117

Wundheilung 83 f., 118
Wundinfektionen 52, 130
Wundreinigung 118
Würgereflex 120
Würmer 92, 102, 131
Wurmkuren 46, 92, 101
Wutanfälle 63

Z
Zahnprobleme 37
Zahnschäden 108

Zecken 131 f.
Zeckenmittel 120
Zellmembran 19, 41
Zellsalz 20
Zellstoffwechsel 51 f.
Zerrungen 36
Zerstörungswut 76, 96
Zincum chloratum 80, 133
Zink 133
Zittern 72
Zuckerkrankheit 109, 124

Bildnachweis
Mit 65 Farbfotos der Autorin. Weitere Farbfotos von Thomas Höller/Kosmos (S. 112), Christof Salata/Kosmos (S. 5, 51, 106), Verena Scholze/Kosmos (S. 12/13, 26, 47, 88/89, 90, 123, 124, 126, 135), Sabine Stuewer/Kosmos (S. 1, 48, 79, 84), Viviane Theby/Kosmos (S. 121) und Karl-Heinz Widmann/Kosmos (S. 4, 114).

Impressum
Umschlag von eStudio Calamar unter Verwendung von Farbfotos von Ulrike Schanz (Vorderseite) und Christof Salata/Kosmos (Rückseite).

Mit 85 Farbfotos.

Alle Angaben in diesem Buch erfolgen nach bestem Wissen und Gewissen. Sorgfalt bei der Umsetzung ist indes dennoch geboten. Der Verlag und die Autorin übernehmen keinerlei Haftung für Personen-, Sach- oder Vermögensschäden, die aus der Anwendung der vorgestellten Materialien und Methoden entstehen könnten.

Unser gesamtes lieferbares Programm und viele weitere Informationen zu unseren Büchern, Spielen, Experimentierkästen, DVDs, Autoren und Aktivitäten finden Sie unter **www.kosmos.de**

Gedruckt auf chlorfrei gebleichtem Papier

© 2009, Franckh-Kosmos Verlags-GmbH & Co. KG, Stuttgart
Alle Rechte vorbehalten
ISBN 978-3-440-11621-0
Projektleitung: Angela Beck
Redaktion und Gestaltung: Sabine Seifert · Satz/Grafik/Lektorat
Produktion: Eva Schmidt
Printed in The Czech Republic / Imprimé en République Tchèque

Stiftung
Benedictus Gotthelf Teubner
Leipzig / Dresden / Berlin / Stuttgart

21.02.1811: Firmengründung B. G. Teubner in Leipzig.

21.02.2003: Gründung der Teubner-Stiftung in Leipzig.

21.02.2011 / 200 Jahre B. G. Teubner:
Die Teubner-Stiftung verlieh im Leibniz-Hörsaal des
Max-Planck-Instituts für Mathematik in den Naturwissenschaften Leipzig
den **Benedictus-Gotthelf-Teubner-Wissenschaftspreis** 2011
an den Mathematiker **Hans Triebel**, Jena, und den fünften
Teubner-Förderpreis an den Adam-Ries-Bund Annaberg-Buchholz.

Benedictus Gotthelf Teubner (1784-1856)

**Wissenschaftspreis der Teubner-Stiftung
zur Förderung der Mathematischen Wissenschaften:**
Preisträger 21.02.2018: Jürgen Jost.
Preisträger 21.02.2016: Stefan Hildebrandt.
Preisträger 21.02.2014: Eberhard Zeidler.

Mit diesem Wissenschaftspreis knüpft die Teubner-Stiftung an den
**„Alfred Ackermann-Teubner-Gedächtnispreis
zur Förderung der Mathematischen Wissenschaften"**
an, der von 1914 bis 1941 in Leipzig vergeben wurde.
Erster Preisträger, Leipzig 1914: **Felix Klein**.

Seit 2004 verleiht die Teubner-Stiftung den
Benedictus-Gotthelf-Teubner-Förderpreis.
Bisher erhielten diesen Förderpreis:
- **2018:** Gauß-Gesellschaft Göttingen,
- Urania Berlin,
- Mathematische Zeitschrift „Die Wurzel" Jena,
- Adam-Ries-Bund Annaberg-Buchholz,
- Erlebnisland Mathematik in den Technischen Sammlungen Dresden
  (gemeinsames Projekt Fachrichtung Mathematik der TU Dresden /
  Technische Sammlungen Dresden),
- Mathematische Schülergesellschaft „Leonhard Euler" (MSG)
  an der Humboldt-Universität zu Berlin,
- Leipziger Schülergesellschaft für Mathematik (LSGM),
- **2004: Albrecht Beutelspacher** (Mathematikum Gießen).

*„Unser Geschäft ist keineswegs ein gewöhnliches Gewerbe, oder eine bloß
mechanische Beschäftigung, die sich auf sich selbst des lieben Brotes willen
beschränkt, sondern auch abgesehen von der Kunstvollkommenheit, zu der es sich
erheben läßt, ist es ein Geschäft recht geistiger Natur, in dem wir uns weit über den
gewöhnlichen Standpunkt erheben, die Wissenschaft und geistige Bildung kräftig
fördern und nicht bloß uns selbst und dem Staate, sondern der Welt – und zwar der
geistigen – nützen können. Dies aber ist das Höchste, weil es von unserem geistigen
Ich ausgeht, welches nicht vergeht, sondern über Grab und Zeit dauert."*

Benedictus Gotthelf Teubner, Leipzig 1827.

Jürgen Weiß
Erfolgreiche Alt-68er
Mathematische Annalen – Mitteilungen B. G. Teubner
Alfred Clebsch – Felix Klein – Carl Neumann

Leipzig 2018. 1. Aufl. **EAGLE 101.**
ISBN 978-3-95922-101-6

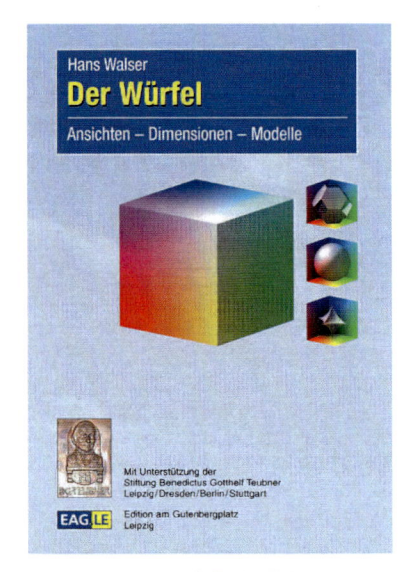

Hans Walser
Der Würfel
Ansichten – Dimensionen – Modelle

Leipzig 2018. 1. Aufl. **EAGLE 102.**
ISBN 978-3-95922-102-3

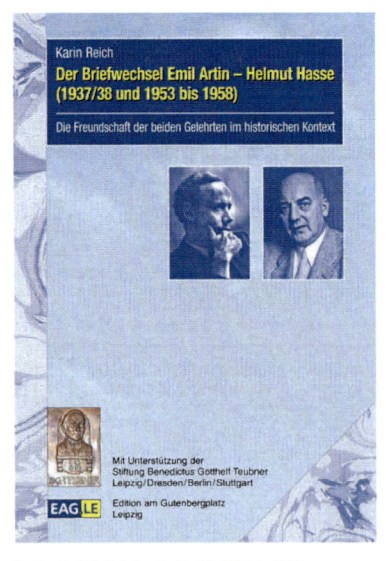

Karin Reich
Der Briefwechsel Emil Artin – Helmut Hasse (1937/38 und 1953 bis 1958)
Die Freundschaft der beiden Gelehrten im historischen Kontext

Leipzig 2018. 1. Aufl. **EAGLE 103.**
ISBN 978-3-95922-103-0

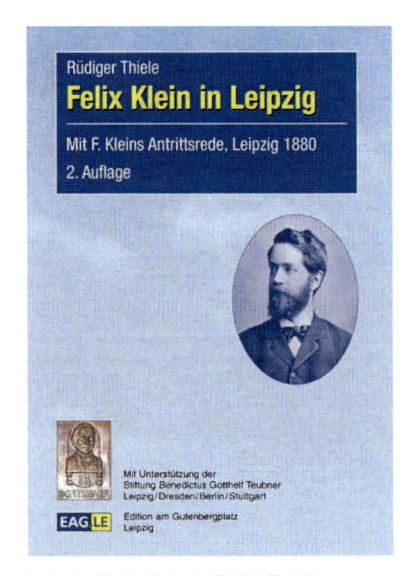

Rüdiger Thiele
Felix Klein in Leipzig
Mit F. Kleins Antrittsrede, Leipzig 1880
2. Auflage

Leipzig 2018. 2. Aufl. **EAGLE 047.**
ISBN 978-3-95922-047-7